FÉLIX NARJOUX
ARCHITECTE DE LA VILLE DE PARIS

LES
ÉCOLES NORMALES
PRIMAIRES

CONSTRUCTION ET INSTALLATION

PARIS
LIBRAIRIE Vᵛᵉ A. MOREL ET Cⁱᵉ | LIBRAIRIE CH. DELAGRAVE
13, RUE BONAPARTE, 13. | 15, RUE SOUFFLOT, 15.

LES

ÉCOLES NORMALES PRIMAIRES

CONSTRUCTION ET INSTALLATION

FÉLIX NARJOUX

ARCHITECTE DE LA VILLE DE PARIS

LES

ÉCOLES NORMALES

PRIMAIRES

CONSTRUCTION ET INSTALLATION

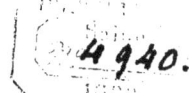

PARIS

| LIBRAIRIE CH. DELAGRAVE | LIBRAIRIE Vve A. MOREL ET Cie |
| 15, RUE SOUFFLOT, 15 | 13, RUE BONAPARTE, 13 |

1880

DES
ÉCOLES NORMALES PRIMAIRES

CONSTRUCTION ET INSTALLATION

CHAPITRE PREMIER

ÉTAT DE LA QUESTION

Les écoles normales primaires sont des établissements d'instruction publique dans lesquels les jeunes gens qui se destinent à l'enseignement primaire reçoivent l'instruction nécessaire à l'exercice des fonctions d'instituteur.

Les écoles normales primaires sont des propriétés départementales; c'est le budget du département dans lequel elles se trouvent qui fournit la plus grande partie des fonds nécessaires à leur construction et à leur entretien. Lorsqu'il s'agit d'une construction neuve, d'une appropriation d'une certaine importance, et que les ressources du département sont insuffisantes, l'État supporte une partie des frais en accordant une subvention plus ou moins forte, dont la quotité, très-variable, n'atteint pas la moitié des dépenses prévues.

Le nombre des écoles normales de construction entièrement neuve a été, dans la période comprise entre 1794 (1) et 1833 (2), presque nul. Depuis cette dernière époque, les écoles normales de garçons se sont multipliées; quant aux écoles normales de filles, autorisées par la loi du 15 mars 1850, il n'en existait que neuf en 1870, et on n'en compte encore aujourd'hui que dix-huit, y compris celle de Milianah en Algérie. Un progrès va probablement se manifester grâce au développement de l'enseignement primaire, devenu une des vives préoccupations de nos gouvernants. On a enfin reconnu non-seulement l'utilité, mais encore la nécessité absolue de construire des écoles normales; on a, en même temps, constaté l'insuffisance de celles qui existent aujourd'hui et qui, pour la plupart, ont été installées dans d'anciens bâtiments. « Nous avons, disait M. Jules Simon le 13 octobre 1870, onze départements en France sur quatre-vingt-neuf qui n'ont pas d'école normale primaire. » Pour remédier à cet état de choses, on vient (3) de décider la construction de dix écoles normales de garçons et de soixante-dix écoles normales de filles; c'est une lourde entreprise dans laquelle il ne faut pas se lancer à la légère, de crainte que le zèle et l'empressement des administrateurs ne leur fassent, à leur insu, dépasser une sage mesure.

L'instruction primaire est indispensable à une nation : c'est là un principe sur lequel tout le monde est d'accord; mais elle est de première nécessité lorsque cette nation est un État démocratique, régi par le suffrage universel. C'est alors que l'instruction publique doit être répandue parmi

---

(1) Décret du 9 brumaire an III (30 octobre 1794), relatif à l'établissement des écoles normales.
(2) Loi du 17 juin 1833, art. 11.
(3) Loi de mars 1879.

ÉTAT DE LA QUESTION. 3

tous les citoyens. Une gloire incontestable pour notre époque, gloire qui pourra avec avantage remplacer quelque victoire obtenue sur un champ de bataille, ce sera d'avoir répandu l'instruction parmi les ignorants et les déshérités et d'avoir diminué le nombre des illettrés.

Le développement de l'enseignement primaire, l'accroissement du nombre des écoles laïques, nécessitent naturellement la transformation des écoles normales actuelles. On se trouve ainsi entraîné par la force des choses à construire de nouvelles écoles normales et à modifier celles qui existent. Ces questions de construction d'écoles, d'enseignement d'élèves et de maîtres, sont intimement liées; elles ne peuvent avoir de solution l'une sans l'autre.

Pour les maîtresses, la question est encore plus grave que pour les maîtres : car, plus que les maîtres, elles sont en nombre insuffisant, et, si l'on n'y prend garde, leur absence arrêtera forcément l'essor du mouvement qui se prépare. Le calcul est du reste bien simple à faire : la loi laisse quatre ans aux départements pour construire leur école normale; dans quatre ans les élèves commenceront leurs études, dont la durée est de trois ans. Ce n'est donc que dans sept ans, en s'y mettant sans retard, que pourront être formées de nouvelles maîtresses. On voudrait, en outre, doter d'une école de filles les communes dont la population est inférieure à 400 habitants et supprimer ainsi un grand nombre d'écoles mixtes. Cette mesure s'appliquerait à 16,000 communes ; si le mouvement en faveur de la laïcité s'accentue et que les deux tiers de ces écoles soient dirigés par des institutrices laïques, il faudra trouver 10,600 institutrices. Où les administrations les prendront-elles, si elles ne se hâtent pas d'en former dès à présent?

On a reconnu que sept départements (1) manquaient encore d'écoles normales de garçons (2) et soixante-dix d'écoles normales de filles (3) ; c'est environ pour chacun une dépense de 250,000 francs en moyenne, soit 20 millions de travaux et quatre-vingts écoles normales à construire dans un délai que la loi discutée au corps législatif en mars 1879 a fixé à quatre ans.

Chaque département aura donc à se lancer dans une bien grosse affaire sans y être suffisamment préparé, nous n'hésitons pas à le dire, et sans savoir au juste ce qu'il doit et ce qu'il faut faire. On voit bien le but, on voudrait l'atteindre vite, et on se hâte sans connaître le chemin, sans chercher les moyens propres à assurer le succès : il ne faut pas, comme on l'a fait quelquefois, commencer par construire les écoles normales sans se préoccuper des éléments dont doit se composer un établissement de ce genre et de la façon dont il convient de les coordonner entre eux.

Les précédents, les exemples manquent : ce n'est pourtant pas, il est vrai, d'aujourd'hui que l'on construit des écoles normales ; mais avant 1870 l'ordre d'idées auquel nous obéissions différait en bien des points de celui que nous suivons aujourd'hui, et, depuis cette époque, nous avons vécu si vite, les questions scolaires ont, pendant ces dix ans, fait

---

(1) Ce sont l'Oise, le Pas-de-Calais, le Morbihan, la Charente, le Lot, la Haute-Savoie, les Côtes-du-Nord.

(2) Il n'est pas ici, bien entendu, question des départements ayant installé d'une façon regrettable leurs écoles normales dans d'anciens bâtiments, mais des départements absolument privés d'écoles normales.

(3) Les écoles normales de filles qui existent aujourd'hui ont été établies dans les départements de la Seine, Eure-et-Loir, Seine-et-Marne, Bouches-du-Rhône, *Corse*, *Doubs*, Jura, *Haute-Savoie*, Allier, Yonne, *Ardennes*, Somme, Isère, *Rhône*, Saône-et-Loire, Hérault, Alger. L'italique marque la direction congréganiste.

ÉTAT DE LA QUESTION.

de tels progrès, elles ont été l'objet de tant d'études, que nos devanciers et leurs traditions paraissent maintenant bien loin derrière nous.

Les jeunes gens qui se destinent à l'enseignement primaire étudient : 1° dans des cours normaux, presque toujours dirigés par des congrégations, institutions recevant de ce fait, sous le nom de *bourses*, des subventions d'un ou de plusieurs départements; 2° dans des écoles normales régionales communes à plusieurs départements ou subventionnées par plusieurs d'entre eux; 3° enfin, dans des écoles normales départementales, c'est-à-dire appartenant en propre à un seul département.

Les institutions libres qui ont établi des cours normaux pour les hommes sont en très-petit nombre. Il y a Beauvais pour l'Oise, Dohem pour le Pas-de-Calais et Lamballe pour les Côtes-du-Nord; les écoles normales régionales, très-rares aujourd'hui (1), ne se trouvent que dans les chefs-lieux de département; mais les écoles normales départementales se trouvent parfois dans une petite ville et même aussi dans une simple bourgade.

On paraît vouloir renoncer aux cours normaux des institutions libres parce qu'on les trouve insuffisants et que l'administration n'a pas sur eux le pouvoir dont elle est armée vis-à-vis des écoles normales. Il y a aussi une question de tendance que nous n'avons pas à étudier ici : car nous laissons de côté ce qui touche à l'enseignement et à la doctrine; nous acceptons sans la discuter la ligne tracée par l'administration et nous cherchons le moyen d'en rendre, au point

---

(1) Il n'en existe plus aujourd'hui qu'à Savenay pour le Morbihan et la Loire-Inférieure, à Poitiers pour la Vienne et la Charente, à Albertville pour la Savoie et la Haute-Savoie, et à Montauban pour le Tarn-et-Garonne et le Lot.

de vue spécial de la construction, l'application fructueuse et facile.

On est à peu près généralement d'accord pour reconnaître les inconvénients que présentent les écoles normales installées à la campagne. Les maîtres spéciaux manquent, et les professeurs des lycées, dont les leçons sont quelquefois d'un si puissant secours pour les élèves des écoles normales, ne peuvent quitter la ville où est leur résidence pour se transporter, plusieurs jours par semaine, à des distances toujours trop grandes.

En revanche, le choix entre les écoles régionales et les écoles départementales est assez difficile à faire ; on doit remarquer à ce sujet que dans la discussion du projet de loi de mars 1879, sur les écoles normales, chaque orateur n'a envisagé qu'un côté de la question et que ce fut par motif d'économie seulement, et pour diminuer les charges de deux départements voisins, que fut voté l'amendement autorisant deux départements à se réunir pour élever une école normale commune.

Or voici ce qu'on peut dire pour et contre les écoles normales régionales, c'est-à-dire contre ces écoles communes à deux départements, puisque la loi ne reconnaît plus que celles-là, et les écoles normales départementales. Les arguments ont une certaine valeur et méritent, ce semble, d'attirer quelque attention.

Une école régionale commune à deux départements contient en moyenne 80 à 100 élèves. Les frais de premier établissement reportés sur un plus grand nombre d'élèves, se trouvent par cela même diminués pour chacun d'eux, car un bâtiment destiné à recevoir 150 élèves coûte proportionnellement bien moins cher que ne coûteraient deux bâtiments n'en contenant chacun que 75. Il en est de même des frais généraux d'entretien et d'administration. En outre, le nombre des élèves est, dans chaque classe, assez considérable pour faire naître entre eux l'émulation nécessaire et pour que le maître soit à son tour surexcité par son auditoire. Il ne s'agit pas, en effet, pour les maîtres d'une école normale, de corriger les devoirs et de faire réciter les leçons de jeunes enfants; leurs élèves sont de jeunes garçons en âge de savoir écouter et de travailler par eux-mêmes. Les maîtres, étant plus occupés et par suite mieux rétribués, pourraient donc être choisis dans un milieu plus instruit, plus élevé; les professeurs de sciences, de dessin, pourraient être exclusivement attachés à l'école et lui consacrer tout leur temps ; enfin, l'organisation matérielle deviendrait plus soignée et donnerait aux élèves plus de confortable et plus de bien-être.

Ces avantages considérables que présentent les écoles normales dites régionales sont compensés par des inconvénients assez grands. En allant vivre pendant trois ans au moins dans une grande ville plus ou moins éloignée de leur département, les futurs instituteurs se trouvent en dehors de leur milieu, loin du pays dans lequel ils sont nés et où ils sont destinés à vivre.

Les parents, surtout quand il s'agit de jeunes filles, sont assez peu disposés à les laisser s'éloigner d'eux pour se rendre dans une ville, loin de leurs conseils et de leur direction; cependant il ne faut pas s'exagérer l'importance de cet argument, car on voit très-fréquemment aujourd'hui les futures institutrices aller suivre des cours normaux installés dans des villes éloignées de la résidence de leurs familles (1).

---

(1) La création d'écoles normales interdépartementales ou régionales, comme on les a appelées quelquefois, offrirait sans doute une solution meilleure que les cours normaux.

Mais ce qu'il y a à craindre, et cela se produit quelquefois dans une école régionale, c'est de voir les élèves, jeunes gens à l'écorce encore rude, se grouper suivant leur lieu d'origine, former des camps ennemis et vivre en état d'hostilité permanente.

Quant aux écoles normales départementales, les avantages et les inconvénients qu'elles offrent sont précisément le contraire de ceux qu'on rencontre dans les écoles régionales. Avec elles, les élèves restent dans leur département, c'est-

Ces établissements destinés par leur constitution même à recevoir un grand nombre d'élèves-maîtresses, profiteraient des ressources réunies de plusieurs départements. Leur installation pourrait être vaste et soigneusement appropriée aux besoins des divers services. Le mobilier classique, les collections scientifiques, les bibliothèques pourraient y recevoir tout le développement nécessaire. Situés à dessein dans le voisinage des grands centres de population, ils posséderaient tous les moyens d'instruction pédagogique; on aurait recours aux professeurs les plus capables, aux maîtres les plus éprouvés; en outre, ces établissements seraient, de la part de l'État, l'objet d'une surveillance active, tant au point de vue de la gestion qu'au point de vue de la méthode d'enseignement et de la direction morale donnée aux élèves-maîtresses.

Malheureusement, à côté de ces avantages évidents se trouvent les inconvénients les plus sérieux.

La fondation d'écoles régionales a été tentée pour les instituteurs, et il est arrivé qu'au bout d'un petit nombre d'années le traité conclu entre les départements d'une même région a été rompu d'un commun accord : chaque Conseil général, jaloux de ses prérogatives, a repris ses élèves-maîtres pour les placer dans une école normale à lui et les avoir sous sa surveillance immédiate.

N'y aurait-il pas à craindre, d'ailleurs, que les écoles régionales ne rendissent plus difficile encore le recrutement des élèves-maîtresses? Les familles n'éprouveraient-elles pas une sorte de répugnance à envoyer leurs filles loin d'elles, dans des villes où les relations de parents ou d'affaires leur feraient défaut? L'expérience n'a-t-elle pas du reste suffisamment éclairé ceux qui ont depuis longtemps étudié cette grave question?

La seule création qui paraisse viable et permette d'atteindre notre but, c'est celle d'une école normale dans chaque département. (Circulaire du Ministre de l'instruction publique, des cultes et des beaux-arts, en date du 3 février 1878, prescrivant une enquête en vue du développement des écoles normales primaires d'institutrices.)

à-dire dans le milieu auquel ils sont habitués, dans lequel ils sont destinés à vivre, avec des camarades que pour la plupart ils connaissent déjà ; mais aussi l'établissement peut présenter un degré d'infériorité ; la tenue en est peut-être moins soignée, la surveillance générale moins bien faite, les bons professeurs sont plus difficiles à rencontrer, puisqu'il en faut un plus grand nombre, et, par suite, le niveau des études est susceptible de s'abaisser.

Maintenant, qu'elles soient régionales (1) ou départementales, faut-il que les écoles normales soient mixtes ou distinctes, que les élèves y soient internes ou externes ? Ce sont là d'importantes questions à résoudre et qui ne paraissent pas, jusqu'à présent, avoir été suffisamment approfondies.

Les raisons qui militent en faveur des écoles régionales sont les mêmes que celles qu'on peut faire valoir en faveur des écoles mixtes. Diminution dans la dépense de construction première, meilleure installation, plus de confort et de bien-être général, enseignement donné aux élèves des deux sexes par les mêmes maîtres, ceux-ci par conséquent, mieux rétribués et mieux choisis et, en outre, avantage que ne présentent pas les écoles régionales, séjour des élèves dans leur pays, près de leur famille. Quant aux inconvénients pouvant résulter du voisinage de jeunes gens des deux sexes installés dans un même bâtiment, il n'y en a pas si on dispose les constructions de façon à éloigner le quartier des garçons de celui des filles et à empêcher toute communication entre eux. Il est néanmoins très-douteux qu'on en vienne en France à créer des écoles normales mixtes ; cependant des écoles normales de ce

---

(1) C'est-à-dire communes à deux départements, puisque la loi ne reconnaît plus que celles-là.

genre se trouvent fréquemment en Allemagne. Ce n'est pas, il est vrai, une raison absolue pour les faire adopter chez nous. Il faut, en effet, dans une question de cette nature, non-seulement tenir compte du fait matériel en lui-même, mais faire entrer en ligne de compte les conditions de mœurs et de tempérament spéciales à chaque peuple. Nous séparons les sexes d'une façon futile et exagérée dans nos écoles primaires; mais il ne faudrait pas cependant, pour les écoles normales mixtes, tomber dans l'excès contraire.

Les écoles normales distinctes sont conformes à un type assez défectueux ; mais cette regrettable situation ne tient pas seulement, bien entendu, au choix d'un type adopté; elle tient avant tout à l'absence d'un programme net et défini, et par suite, à l'impossibilité de le réaliser d'une manière satisfaisante.

En Suisse, en Allemagne, dans le Wurtemberg, en Autriche, beaucoup d'écoles normales sont de simples externats; les élèves y viennent aux heures de leçons, retournent chez eux ou dans des pensions prendre leurs repas et passer la nuit. Ces écoles sont mixtes; une partie du bâtiment est consacrée aux filles, l'autre aux garçons. Une telle disposition diminue considérablement les dépenses de construction première, les frais d'installation et d'administration; elle supprime une question irritante, celle de l'enseignement religieux, que l'école n'est plus tenue de donner et que chaque élève reçoit à sa pension, à son église, à son temple ou dans sa famille, en restant libre de pratiquer sa religion suivant les inspirations de sa conscience. Pour qu'une telle organisation fût à l'abri de toute critique, il faudrait que tous les élèves pussent, le soir, rentrer dans leur famille et que, par conséquent, tout le personnel de l'école se recrutât parmi les habitants de la ville. Ce résultat trop exclusif ne serait ni favorable ni désirable. Les jeunes gens de la ville se décident difficilement à aller vivre à la campagne dans un état d'isolement pénible; il faut qu'ils soient dès l'enfance habitués à ce genre d'existence, et qu'après un séjour à la ville, ils ne demandent qu'à retourner aux champs. Les élèves des écoles normales, filles et garçons, doivent donc se recruter, partie parmi les campagnards, partie parmi les citadins, et cette nécessité rend peut-être un peu difficile la transformation des écoles normales en simples externats. Cette transformation, cependant, n'offrirait, à l'égard des garçons, que des avantages. Ils sont pour la plupart, quand ils entrent à l'école normale, en âge de savoir se conduire; les plus jeunes pourraient facilement s'installer dans une pension ou dans une famille et se trouveraient dans la situation de tous les jeunes gens suivant les cours des facultés. Le paiement des bourses s'effectuerait en argent au lieu de s'effectuer en nature. Ces jeunes gens feraient ainsi un utile apprentissage de la vie et de la liberté; ils apprendraient de bonne heure à être responsables de leurs actes et à en supporter les conséquences ; pendant trois ans, à l'âge où se forment le cœur et l'esprit, ils apprendraient à compter sur eux, et sur eux seuls, pour éviter les ornières du chemin ou en sortir s'ils s'y laissaient tomber. Ce serait certes là un meilleur milieu pour leur développement physique et moral qu'une réclusion forcée entre quatre murs, sous la surveillance d'un maître dont la constante présence ôte au jeune homme toute initiative et toute personnalité.

Ces considérations sont très-sages; mais, objectera-t-on sans doute, leur application ne donnera peut-être pas dans la pratique les résultats attendus. Les élèves des écoles normales ne sont pas, il faut le reconnaître, des jeunes gens d'une intelligence encore très-développée; leur éducation est à peine ébauchée ; il serait fort à craindre qu'ils ne fussent pas en état de savoir se servir de la liberté qu'on leur octroierait, et que même l'usage de cette liberté ne devînt pour eux l'objet de graves abus et la source de sérieux mécomptes.

Pour les filles, la transformation des écoles normales en simples externats serait peut-être encore moins facile que pour les garçons : elle présenterait des inconvénients pour les élèves venues de la campagne et obligées, dans ce cas, de loger en ville dans des pensions ou des familles, et bien que cette catégorie d'élèves forme la minorité du personnel de l'école, il faut évidemment tenir compte de leur situation. Cette difficulté, si elle était reconnue, deviendrait un argument en faveur des écoles distinctes. En tout cas cette question vaut la peine d'être soulevée et résolue par des hommes possédant à fond l'administration et la réglementation des écoles normales, en ayant vu et étudié un grand nombre, connaissant les types en usage avec leurs bons et leurs mauvais côtés.

Ce rapide exposé des grands côtés de la question de l'installation des écoles normales primaires montre combien cette question est peu connue par ses côtés pratiques, et combien on est loin d'être fixé sur les meilleures dispositions à adopter pour la construction des nombreuses écoles normales qui, dans un temps très-rapproché, doivent exercer une influence considérable sur l'enseignement public en France.

La question n'est pas plus avancée quand on l'examine dans ses détails : là on retrouve la même incertitude, les mêmes tâtonnements qui depuis 1870 se sont traduits par des opérations coûteuses, difficiles à réaliser et même infructueuses dans leurs résultats.

Une école normale primaire, quelle qu'en soit la nature, la forme et l'importance, comprend quatre parties principales :

Les salles dépendant du service scolaire ;

L'école annexe ;

Les services généraux ;

Les logements des directeur, aumônier, maîtres-adjoints et agents.

La partie dite scolaire se compose des salles de classe, des études, amphithéâtre, etc..... Elle est, comme l'école annexe, soumise à des règlements spéciaux, connus et déterminés, qui sont communs à toute école et dont la rigoureuse application est nécessaire, mais qui ne sont pas particuliers aux écoles normales. Nous les avons déjà examinés ailleurs (1), et par conséquent nous n'avons pas à y revenir.

Les deux autres parties dont se compose une école normale, sont les services généraux et les logements des fonctionnaires. Mais à cet égard les administrations départementales sont si peu fixées sur ce qu'il convient de faire, qu'aujourd'hui, à la veille de construire quatre-vingts écoles normales, on en est à se demander non pas seulement si ces écoles seront régionales ou départementales, mixtes ou distinctes, affectées à des internes ou à des externes, mais si elles devront renfermer une chapelle, des dortoirs, communs, des chambres ou des cabines, des salles

---

(1) *Les Ecoles primaires et les Salles d'asile.* Félix Narjoux. Paris, Ch. Delagrave.

d'étude communes ou restreintes, des gymnases, des salles de musique, de dessin ou de conférences, des logements de maîtres-adjoints et d'aumôniers, etc.

Ainsi, nous avons sous les yeux les programmes de deux concours ouverts pour l'étude des projets de construction d'écoles normales. Les travaux devaient s'exécuter non dans des départements pauvres, perdus, ignorés, mais dans deux des plus importants de France (1). Ces concours ne remontent pas à une époque qui les éloigne de nous ou les sépare l'un de l'autre, comme on pourrait le croire; ils sont tous deux de 1877 et se rapportent tous deux à des écoles de garçons de même importance et destinées à contenir le même nombre d'élèves.

Il est difficile à des documents administratifs concernant une même matière et devant atteindre le même résultat d'offrir plus d'incertitude et de contradictions.

L'un de ces programmes exige une chapelle, l'autre n'en demande pas ; celui qui n'a pas de chapelle indique cependant un logement d'aumônier. L'un ne veut que deux classes de 30 places pour 90 élèves; l'autre, avec quelque raison, ce semble, en demande trois; l'un prescrit des salles d'étude d'une superficie de 180 mètres; l'autre, pour le même nombre d'élèves, bien entendu, n'assigne à ces salles d'étude qu'une surface de 115 mètres. L'un se contente de deux dortoirs de 45 lits placés sur *trois rangs!* l'autre établit trois dortoirs. L'un semble tenir à un atelier de reliure, à un atelier de menuiserie et à une salle de musique; l'autre ne juge pas utiles ces divers services, et il n'en parle pas; l'un veut deux cabinets de bains, et l'autre quatre ; l'un indique une salle de bains de

---

(1) Aisne et Seine-et-Oise.

ÉTAT DE LA QUESTION. 15

pieds, l'autre se tait à cet égard; l'un demande une infirmerie commune de 5 lits, l'autre deux infirmeries de 2 lits chacune, ce qui est préférable; l'un désire une salle de lecture pour les professeurs, l'autre pas; l'un exige une salle de dessin pour les élèves, l'autre ne la demande pas, et tous deux, enfin, ne disent qu'accidentellement un mot du gymnase, sans même indiquer quelles dispositions il convient de lui donner, etc., etc.

La loi étant définitivement votée par le Sénat, les administrations départementales vont être appelées à formuler le programme de la construction des écoles normales qu'elles devront élever dans un délai de quatre ans, et par conséquent commencer leurs travaux simultanément ou à peu près. Comment pourront-elles s'acquitter de cette lourde tâche au milieu de l'incertitude et des contradictions qu'elles rencontreront dans les documents mis à leur disposition?

Bien des administrations, par exemple, sacrifieront la chapelle que renferment aujourd'hui la plupart des écoles normales.

Il importe cependant de ne pas supprimer sans réflexion ces chapelles; car il ne faut pas se dissimuler les conséquences qu'aurait une suppression de cette nature, et l'on doit prendre à l'avance les dispositions nécessaires pour y remédier.

Les dortoirs des écoles normales sont tous, ou presque tous, faisons une prudente réserve, formés par de grandes salles occupées par deux, trois et même quatre rangs de lits. Cette promiscuité est gênante et pénible; elle rend la surveillance difficile, froisse les sentiments de pudeur et de retenue. On remédie, autant que possible, à cette mauvaise disposition dans les colléges et lycées de construction nouvelle (1); il ne faut donc pas la laisser se perpétuer dans les écoles normales (2), où il est facile de la supprimer et de prévoir, pour chaque élève, soit une cellule, soit une cabine obtenue en divisant le dortoir par une série de cloisons ouvertes sur la face et ne montant qu'à mi-hauteur de l'étage (3). Dans les chambres sont placés le lit, une table de toilette, une commode et une table, ce qui permet à chaque élève de travailler en repos, à son heure, sans voisinage désagréable ou gênant. Les salles d'étude se trouvent ainsi supprimées de fait : c'est le système adopté en Angleterre, et nos voisins en recueillent les meilleurs résultats. Dans les cabines sont seulement placés le lit, la malle de l'élève, une table de toilette, une chaise et des porte-manteaux. Le résultat est bien moins favorable que le premier ; mais il est encore bien préférable à tout ce qui est en usage aujourd'hui avec les grands dortoirs, les lavabos et vestiaires communs.

On objectera sans aucun doute que les élèves des écoles normales sont pour la plupart des campagnards rompus aux conditions d'une rude existence, qu'ils ignorent les raffinements de notre civilisation, qu'ils y seraient insensibles, et ne les comprendraient pas. C'est donc que, de ce côté, leur éducation est à faire et qu'il ne faut pas seulement les

---

(1) Au collège Rollin, à Paris, les grands élèves occupent chacun une chambre, les petits une cabine-boxe.
(2) Elle n'existe pas dans les grands séminaires.
(3) A l'école normale d'instituteurs en construction à Paris, chaque élève occupe une petite chambre ; à l'école normale d'institutrices également en construction à Melun chaque élève devait avoir une petite chambre ; par mesure d'économie on y a substitué des cabines obtenues en divisant le dortoir par des cloisons ne montant qu'à 2 mètres au-dessus du sol.

instruire, mais les élever, leur apprendre que le respect de soi-même est l'indice de sentiments nobles et élevés. Parce qu'un élève aura couché dans une cabine à lui, propre et bien tenue par ses soins, qu'il aura fait régner l'ordre et la propreté dans ses vêtements et dans son linge, qu'il aura chaque matin fait sa toilette à l'écart, au lieu de la faire en public d'une façon trop succincte, croit-on que cet élève sera moins travailleur et moins bon maître, qu'il se dérobera plus facilement à l'accomplissement des devoirs de sa profession. Croit-on que la correction de sa tenue, que les habitudes qu'il aura contractées n'imposeront pas, au contraire, à ses élèves? Il prêchera d'exemple, et son influence sur son entourage augmentera d'autant.

Les grands séminaires, dont le personnel se recrute dans un milieu analogue à celui des écoles normales, n'ont pas négligé la mise en pratique de moyens de cette nature; chaque séminariste a sa chambre dans laquelle il couche et travaille, sans pour cela être soustrait à la vie en commun. On a bien souvent constaté l'influence du milieu, surtout sur l'esprit de la jeunesse : c'est là un puissant moyen d'éducation qu'il ne faut pas négliger, et les leçons données dans des écoles d'une certaine forme, dont l'aspect parle aux yeux, ont plus d'influence et certainement donnent de meilleurs résultats que les mêmes leçons professées dans une salle mal aménagée et mal tenue. N'est-ce pas pour ce motif que les édifices consacrés aux différents cultes sont construits pour attirer l'attention des hommes, pour frapper leur imagination et leur rappeler que le caractère de l'architecture est en harmonie avec les grandes idées religieuses et philosophiques que rappelle le monument? Pourquoi ne pas profiter d'un exemple dont les conséquences n'échappent à personne?

L'établissement de gymnases (1) est indispensable dans une école normale pour permettre aux élèves de se livrer à des exercices utiles à leur santé et à leur développement physique, et d'apprendre à devenir eux-mêmes plus tard des professeurs de gymnastique dans les écoles qu'ils dirigeront. Les ressources locales permettront toujours de rendre possible, même dans les plus pauvres communes, l'installation d'un gymnase; mais elles ne permettent pas l'attribution d'un maître spécial pour chaque école; l'instituteur doit suppléer à cette lacune en transmettant lui-même à ses élèves les leçons de gymnastique qu'il a reçues autrefois au gymnase de l'éco.e normale, parfaitement disposé, outillé et pourvu de tous les engins nécessaires.

Installer un gymnase en plein air ou sous un hangar ouvert à tous les vents est une déplorable erreur : c'est exposer les appareils à une prompte détérioration et faire courir aux élèves toutes les chances possibles d'être atteints de graves maladies causées par un subit refroidissement par un courant d'air arrivant au moment où un violent exercice met le corps en transpiration. Un gymnase doit être renfermé dans un espace parfaitement clos et chauffé; il doit être accompagné d'un vestiaire et d'un magasin pour le dépôt des engins neufs ou hors de

---

(1) La gymnastique est aussi pour les jeunes gens de vingt ans une véritable récréation. Si nous voulons la propager dans les écoles primaires et rendre ce grand bienfait aux générations qui s'élèvent, il faut que nous nous efforcions d'en inspirer le goût aux futurs instituteurs. Soyez persuadé qu'ils ne l'enseigneront jamais, s'ils la considèrent seulement comme un devoir et une fatigue et s'ils n'y trouvent pas leur amusement. (Circulaire du Ministre de l'instruction publique, des cultes et des beaux-arts, en date du 4 mai 1872, relative à la préparation du nouveau programme d'enseignement pour les écoles normales primaires.)

service. Il faut, enfin, qu'il soit haut, bien éclairé et d'une aération facile.

L'utilité d'une salle de dessin, d'une salle de musique (1), ne peut être mise en doute. On doit déplorer de voir certains programmes commettre, en ne les prescrivant pas d'une façon absolue, une omission déplorable. Il en est de même des jardins (2), si nécessaires à l'instruction des élèves-maîtres pour leur permettre de s'initier aux notions élémentaires de l'agriculture; des salles de conférences ou d'assemblées qu'il ne faut pas confondre avec les amphithéâtres dans lesquels les élèves reçoivent en commun quelques leçons spéciales. La salle d'assemblée serait destinée à des lectures publiques, à des conférences faites par un professeur étranger, à des séances de musique, à des expositions de travaux scolaires qui ont lieu à certaines époques de l'année. La mise en pratique de réunions, d'assemblées de ce genre, est un moyen qui a obtenu un grand succès dans les écoles d'Allemagne et de Suisse. Dans nos écoles normales elles auront encore l'avantage

(1) Je verrais avec satisfaction l'étude de la musique se répandre, et surtout de la musique sacrée qui abonde en chants majestueux et en chœurs magnifiques. Je fais un effort pour remplacer les livres vulgaires dont nos dépôts et nos bibliothèques sont remplis, par les chefs-d'œuvre les plus admirés et les plus incontestés; et de même je ne voudrais déposer dans la mémoire de nos jeunes maîtres et répandre, avec leur concours, parmi les populations qu'une musique simple, grave, religieuse. C'est dans ce but que j'essaye de relever les maîtrises. L'étude de la musique ne sera pas d'ailleurs pour nos élèves un accroissement de travail, mais une source de nobles plaisirs. (Circulaire ministérielle, 4 mai 1872.)

(2) Je n'espère pas que les instituteurs puissent enseigner l'agriculture aux agriculteurs; mais ils peuvent éveiller leur attention sur les nouvelles méthodes, se tenir au courant des bonnes publications et les répandre. Destinés à vivre au milieu des champs, il importe qu'ils s'intéressent aux choses agricoles et qu'ils trouvent dans cet ordre d'études une source de plaisir et de considération.
(Circulaire ministérielle, 4 mai 1872.)

de rapprocher les élèves et les maîtres-adjoints des personnes d'une éducation plus avancée, plus soignée, dont les manières et le langage seront pour eux un bon et salutaire exemple.

Les élèves des écoles normales, une fois envoyés dans une pauvre école de village, y sont seuls et abandonnés à eux-mêmes. Le plus souvent célibataires, au début de leur carrière, ils auront un intérieur bien triste : les heures de liberté que leur laissera leur école leur paraîtront bien longues, s'ils n'ont aucun travail pouvant les occuper. On a cru faire preuve d'une très sage et très louable intention en établissant, à l'école normale, comme l'ont prescrit certains programmes, des ateliers de reliure, de menuiserie, de travaux à l'aiguille ; mais on n'a pas réfléchi que l'instituteur est secrétaire de mairie et qu'il a fort peu de temps pour préparer ses leçons, sans négliger des mesures de ce genre il ne faut donc en exagérer ni l'intérêt ni l'importance.

En ce qui concerne les logements, pourquoi certaines écoles normales logent-elles leurs maîtres-adjoints, tandis que d'autres préfèrent les envoyer demeurer en ville? A l'école annexe pourquoi un logement de directeur? C'est là une dépense parfaitement superflue. Le directeur de l'école primaire annexe est un maître-adjoint comme les autres. S'il a de la famille, il peut être autorisé à demeurer en ville ; s'il est garçon, il n'a pas plus de droit que ses confrères à un logement plus spacieux et plus confortable (1). Quant au logement du directeur de l'école normale elle-même, l'importance qui lui est donnée est excessive : ainsi divers programmes demandent pour ce modeste fonctionnaire un cabinet de travail et un cabinet pour ses archives,

---

(1) *Les Écoles primaires*, par Félix Narjoux, Ch. Delagrave, Paris.

quatre chambres à coucher, un salon, une salle à manger, une cuisine avec ses dépendances, une chambre de domestique, cave, grenier et privés; de même pour l'aumônier, auquel on accorde, outre les pièces de service ordinaire, deux chambres à coucher, un salon, un cabinet de travail, une chambre de domestique, etc. Les logements officiels sont toujours une très-lourde charge, et il y a lieu de s'efforcer de les réduire à leurs plus strictes limites, sans compter que l'aumônier, par exemple, peut fort bien loger hors de l'école.

Passer ainsi successivement en revue tous les différents services dont l'ensemble compose une école normale, nous entraînerait trop loin dans ce premier exposé. Cet examen sera du reste plus à sa place lorsque, dans un autre chapitre, nous discuterons les conditions et les détails du programme à intervenir. Nous avons seulement ici voulu donner la preuve du désaccord qui existe entre les diverses administrations départementales, et montrer l'absolue nécessité de mettre un peu d'ordre dans cette question, de lui donner des règles et de lui dicter des conditions.

L'intervention de l'État en pareil cas s'impose d'elle-même; c'est à lui qu'il appartient de tracer la marche à suivre et d'indiquer les règles à observer, règles générales, uniformes pour tous et qui ne doivent souffrir d'exceptions que celles qui résultent des différences de mœurs et de climat, exceptions de détail laissant le principe intact et le consolidant au lieu de le modifier suivant le désir ou le caprice de chacun.

Il ne s'agit pas ici de porter atteinte au principe de décentralisation si en faveur en ce moment. La décentralisation n'a jamais été du désordre et l'initiative de chacun ne doit pas avoir pour résultat de constituer une cause de trouble et d'erreurs. L'instruction publique n'est pas une question départementale, c'est une question nationale, et, de même qu'il n'est pas permis à un maître d'enseigner à sa guise telle ou telle matière de son cours, de même il ne peut être permis à un département de construire une école normale dont la forme et les dispositions seraient contraires à celles adoptées dans un département voisin et pourraient exercer une influence fâcheuse sur le mode d'instruction et d'éducation suivi par les élèves. L'État, du reste, entrant dans les dépenses prévues pour une somme importante, a non seulement le droit, mais le devoir d'être au courant de ce qui se fera, et d'indiquer de quelle manière il entend que soit dépensé son argent.

Nous ne parlons pas de la question de dépenses, elle ne peut entrer ici en ligne de compte. Quand un État a dépensé quarante millions pour construire une académie de danse, il serait assez mal venu de parler d'économie lorsqu'on lui demande de consacrer la moitié de cette somme à construire des écoles, destinées à former des maîtres chargés d'élever ses enfants.

Il faut donc aider à la préparation du programme auquel doivent se conformer les écoles normales, en discuter les éléments, et pour cela le meilleur ou plutôt le seul moyen pratique est d'examiner et d'étudier ce qui a été fait jusqu'à ce jour, non seulement en France, mais à l'étranger, et prendre chez nous, chez nos voisins, ce que nous y trouverons de bon, d'applicable à nos besoins et à notre manière de vivre. Cet examen terminé, il deviendra facile alors d'arrêter des bases fixes, certaines, appuyées sur les données de l'expérience et du fait acquis.

CHAPITRE II

EXAMEN DE DIFFÉRENTS TYPES D'ÉCOLES NORMALES PRIMAIRES

Les types d'écoles normales que nous allons examiner représentent un certain nombre d'écoles construites en France et à l'étranger; ces types ne sont pas des exemples bons à reproduire en entier. Ceux de France sont peu recommandables, ceux de l'étranger ne peuvent se prêter d'une façon absolue à nos besoins et à nos habitudes, mais les uns et les autres renferment des dispositions utiles à connaître, des renseignements bons à discuter. Nous n'avons pas à donner ici des modèles à copier, nous cherchons au contraire à réunir des éléments propres à servir de point de départ, autrement dit de base, à la préparation du programme qu'avant tout il convient d'établir d'une façon fixe et certaine.

Il ne faut pas confondre du reste l'uniformité du programme avec l'uniformité des constructions. Le programme ne peut varier, il doit, en tant que principe, être partout le même; mais les solutions qu'il reçoit doivent au contraire se modifier suivant les personnes, les exigences locales, les conditions de climat, d'emplacement, suivant la nature et le mode d'emploi des matériaux.

Les écoles normales de France que nous avons choisies et que nous décrivons plus loin sont celles qui, jusqu'à ce jour, ont été regardées comme les meilleures et les mieux disposées; pas une cependant n'est entièrement satisfaisante ni dans son ensemble, ni dans ses détails, triste situation dont il serait injuste de rendre les architectes seuls responsables. Nous avons déjà signalé l'insuffisance et l'incertitude qui règnent dans les programmes préparés par les administrations départementales : c'est là qu'il faut chercher la véritable cause d'un résultat aussi fâcheux que celui que nous constatons.

Nous n'avons pas exclusivement cherché à faire connaître les écoles les plus modernes, car certaines constructions anciennes, appropriées à une nouvelle destination, remplissent parfois mieux que d'autres le but désiré. Dans de telles conditions la forme extérieure de l'édifice importait peu, on le comprend; aussi avons-nous dans nos dessins multiplié les plans et donné des façades à titre d'exception seulement. Ce qu'avant tout il importe en effet de connaître, ce sont les services nécessaires à une école normale, l'importance relative de chacun d'eux et la façon dont il convient de les grouper les uns par rapport aux autres.

De même pour les écoles étrangères, nous ne publierons que celles dont les dispositions peuvent être utilisées au point de vue de nos besoins et de nos traditions pédagogiques, les œuvres d'un intérêt purement local et exceptionnel ne pouvant avoir pour nous d'utilité pratique. Ce sera donc par suite d'une omission volontaire que nous passerons sous silence celles qui se trouvent dans ce cas.

Écoles normales primaires en France.

I

ÉCOLE NORMALE PRIMAIRE D'INSTITUTEURS
à *Auch (Gers).*

L'école normale d'instituteurs d'Auch peut contenir 33 élèves; elle occupe, en bâtiments, cour et jardin, une surface totale de près de 85 ares.

Les bâtiments, de construction ancienne, se sont assez bien prêtés à leur nouvelle destination; ils s'élèvent en bordure d'une voie publique *(fig. 1)* assurant à l'établissement un accès facile et sûr en toutes saisons et permettant à l'école annexe d'avoir une entrée distincte et indépendante de celle de l'école normale. Une petite cour d'honneur, en partie couverte, occupe le milieu des constructions et forme le centre d'un quadrilatère entouré de bâtiments dans lesquels les services se distribuent mieux que dans un édifice établi sur une longue ligne régulière. A droite, est l'école annexe avec sa cour indépendante; en arrière des constructions est un jardin avec des pelouses et à la suite un verger et un potager.

Un passage de porte cochère met la rue en communication avec la cour intérieure de l'école *(fig. 2)*. A droite et à gauche, sont deux pièces servant au logement du concierge et séparées l'une de l'autre, ce qui en rend l'usage incommode et difficile. Au delà du passage de la porte cochère est la cour d'honneur, de 300 mètres de surface environ, dont une partie est vitrée et convertie en préau couvert sous lequel se trouve l'entrée des privés. Ces privés, auxquels on accède à couvert, occupent un angle du bâtiment; ils ne sont pas suffisamment aérés et ne peuvent être surveillés convena-

ÉCOLE NORMALE PRIMAIRE D'INSTITUTEURS

à Auch (Gers).

Fig. 1.

PLAN GÉNÉRAL.

1. Bâtiments.
2. Cour d'honneur.
3. Cour de l'école annexe.
4. Jardin des élèves.
5. Verger.
6. Potager.

Fig. 1.
Plàn général.

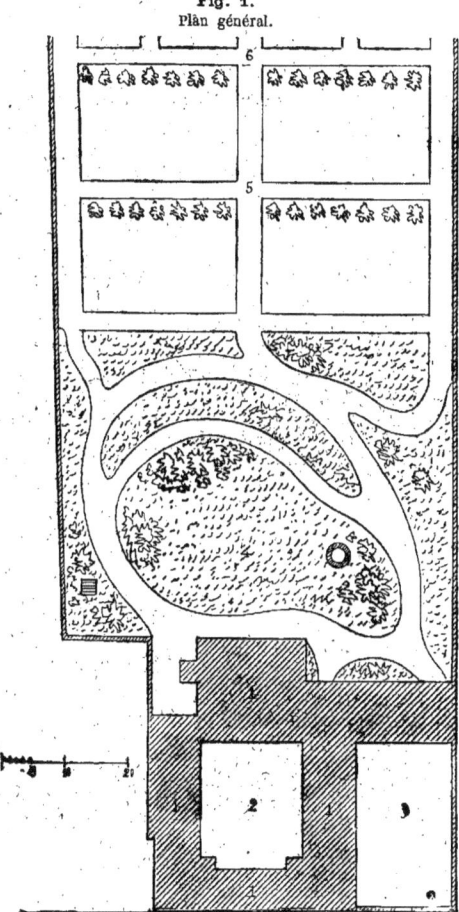

ÉCOLE NORMALE PRIMAIRE D'INSTITUTEURS
à Auch (Gers).

ÉCOLE NORMALE PRIMAIRE D'INSTITUTEURS

à *Auch (Gers)*.

Fig. 2.

PLAN DU REZ-DE-CHAUSSÉE.

1. Voie publique.
2. Entrée principale.
3. Concierge.
4. Cour couverte.
5. Privés intérieurs.
6. Cour d'honneur.
7. Vestibule.
8. Cabinet du directeur.
9. Archives.
10. Secrétaire.
11. Commission de surveillance.
12. Infirmerie.
13. Infirmier.
14. Dépôt.
15. Étude.
16. Classe.
17. Bibliothèque.
18. Chapelle.
19. Sacristie.
20. Salle de musique.
21. Dégagement, passage.
22. Grande classe,   école annexe.
23. Petite classe,   id.
24. Entrée des élèves,   id.
25. Préau couvert,   id.
26. Privés,   id.
27. Cour de récréation,   id.

Fig. 2.

Plan du rez-de-chaussée.

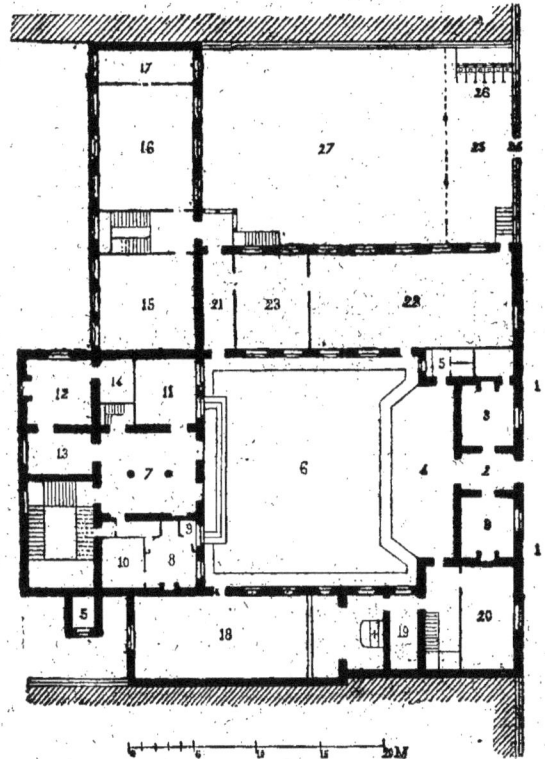

ÉCOLE NORMALE PRIMAIRE D'INSTITUTEURS
à Auch (Gers).

blement. Il n'existe pas de gymnase, mais l'administration étudie le moyen d'en établir un et cherche en même temps à doter l'école d'un jardin d'étude pour l'agriculture. L'école possède une chapelle qui occupe toute l'aile gauche des bâtiments bordant la cour. Cette chapelle a 84 mètres de surface, non compris le sanctuaire à la suite duquel est une sacristie.

Il n'existe pas de parloir. Le bâtiment situé au fond de la cour en face de l'entrée comprend au rez-de-chaussée un grand vestibule, la salle des réunions de la commission de surveillance, le cabinet du directeur avec une pièce pour le dépôt de ses archives et une autre pour son secrétaire ou employé, puis l'infirmerie éclairée par une seule fenêtre et n'ayant que 25 mètres de surface, ce qui est insuffisant. Rien n'est prévu pour les malades isolés, les soins de la toilette, les privés et la tisanerie. Une chambre de domestique précède cette infirmerie et lui sert en quelque sorte d'antichambre, condition gênante et peu convenable. On voit quelle confusion règne dans cette partie des services.

On ne compte qu'une classe et une salle d'étude, toutes deux de dimensions insuffisantes ; la bibliothèque est longue, étroite et n'a d'accès que par la salle d'étude; la classe de physique, située au premier étage, au fond d'un couloir, est suivie d'un cabinet de $2^m,60$ de large servant à la fois de laboratoire de chimie et de dépôt pour les instruments et appareils. La salle de musique est au rez-de-chaussée, près du concierge, dans un emplacement qui conviendrait au parloir. Enfin l'école normale d'Auch ne renferme ni salle de collections, ni salle de dessin, ni salle de conférences ou d'assemblée, ni salle de maîtres, ni atelier d'ouvrages manuels.

Le dortoir occupe le premier étage de l'aile droite ; il

compte 33 lits convenablement espacés *(fig. 3)* et placés sur deux lignes, les têtes au mur; toutefois les lits occupant l'extrémité du dortoir près de l'entrée ne sont pas dans de bonnes conditions d'aération et de salubrité. Les lavabos et vestiaires manquent: car le cabinet, de 1^m,50 de largeur, qui en porte le nom ne peut en remplir l'office. La lingerie, placée dans le bâtiment en face, près de la chapelle, n'a de communication avec aucun des bâtiments: il faut donc chaque fois que l'exigent les besoins du service descendre un étage, traverser la cour et remonter un étage pour pouvoir procéder à la distribution du linge propre ou à la récolte du linge sale.

Le directeur occupe, au premier étage, un logement composé d'une cuisine, d'une salle à manger, de chambres à coucher et cabinets, le tout ayant de bonnes dimensions et étant bien placé pour la surveillance des différentes parties de l'école.

Les maîtres-adjoints ont chacun une petite chambre à feu sans cabinet ni dépendances.

L'aumônier n'est pas logé, il lui est accordé au premier étage une petite pièce malheureusement trop éloignée de la chapelle.

L'école annexe est une école préparatoire à l'école normale; elle n'est donc pas disposée comme le sont ordinairement les écoles primaires et comprend deux classes, l'une trop vaste, l'autre trop petite. Un préau couvert placé près de l'entrée sert aux jeux des élèves lorsqu'ils ne peuvent sortir dans la cour.

Le mobilier scolaire n'a profité d'aucune des améliorations réalisées en ces derniers temps, et aucune disposition spéciale n'a été prise pour assurer convenablement l'éclairage, le chauffage et la ventilation des salles.

ÉCOLE NORMALE PRIMAIRE D'INSTITUTEURS

à Auch (Gers).

Fig. 3.

PLAN DU PREMIER ÉTAGE.

1. Dortoir.
2. Vestiaire.
3. Cabinet de l'aumônier.
4. Chambres de maîtres-adjoints.
5. Salle de physique.
6. Cabinet de physique et laboratoire de chimie.
7. Dégagements.
8. Lingerie.
9. Lingère.
10. Dépôt.
11. Tribune de la chapelle.
12. Salon, logement du directeur.
13. Chambres à coucher, id.
14. Cabinets, id.
15. Salle à manger, id.
16. Cuisine, id.
17. Privés, id.

Fig. 3.

Plan du premier étage.

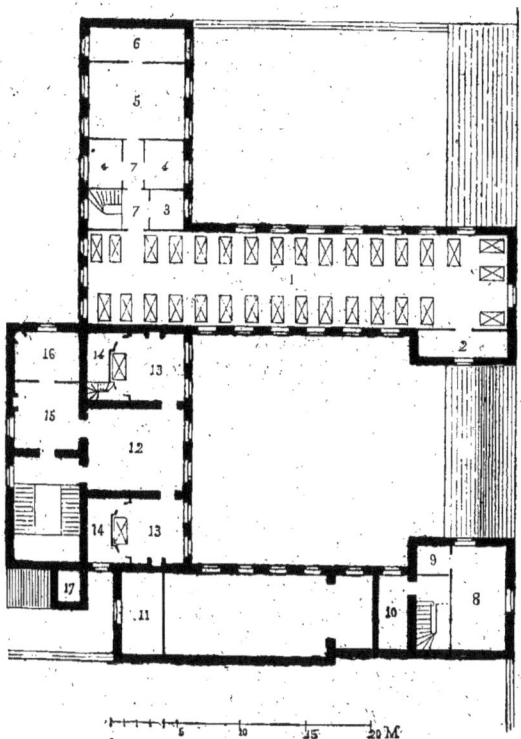

ÉCOLE NORMALE PRIMAIRE D'INSTITUTEURS
à Auch (Gers).

En résumé, on voit que si l'école normale d'Auch est bien disposée comme ensemble et comme aspect général, ses différents services sont mal agencés entre eux, et la plupart, comme les dortoirs, vestiaire, lavabos, infirmerie, classes, études, logements des maîtres-adjoints, sont incomplets ou insuffisants; d'autres enfin non moins importants, tels que la salle de collections, la salle de dessin, la salle de conférences, la salle de maîtres et les ateliers d'ouvrages manuels, font complétement défaut.

II

ÉCOLE NORMALE PRIMAIRE D'INSTITUTEURS
à Alençon (Orne).

L'école normale primaire d'instituteurs d'Alençon contient 45 élèves; ses bâtiments, cours et jardins occupent une surface totale de 88 ares environ.

Le bâtiment principal est placé en bordure d'une voie publique *(fig. 4)*, une autre voie longe une des façades latérales et sert de dégagement à l'école annexe.

En avant est la cour d'honneur, à gauche une cour de service avec une entrée spéciale distincte de celle de l'école; en arrière, sont la cour de récréation des élèves de l'école normale et celle des élèves de l'école annexe, complétement séparées l'une de l'autre. La surface de la cour d'honneur est de 720 mètres, celle des élèves-maîtres de 1,680, celle de l'école annexe de 210 mètres. Les jardins sont vastes et à eux seuls occupent 40 ares environ. Ces jardins s'étagent en terrasses et descendent jusqu'au bord de la Sarthe, qui coule au bas. Elle forme en cet endroit un bassin transformé en école de natation réservé aux élèves de l'école.

Les cours de récréation sont plantées d'arbres et munies

de privés. Il existe à l'intérieur une grande salle servant aux récréations des élèves lorsqu'ils ne peuvent aller jouer dans la cour.

Les constructions sont modernes; elles comprennent un grand corps de bâtiment élevé sur caves d'un rez-de-chaussée et de trois étages. Le gymnase se trouve dans une galerie étroite, longeant à gauche la cour de récréation et qui d'abord avait servi de bûcher. Il n'existe pas de chapelle.

Le logement de concierge, placé à l'extrémité de l'aile droite du rez-de-chaussée, se compose de deux petites pièces et d'une antichambre servant de parloir *(fig. 5)*.

Les classes, placées au premier étage *(fig. 6)*, sont éclairées chacune par une seule fenêtre. Au-dessous se trouve la salle d'étude commune servant de salle de classe pour les élèves de première année. La salle de physique a les dimensions d'une des classes; à côté se trouvent un cabinet pour le dépôt des instruments et un laboratoire installé d'une façon insuffisante. Un observatoire météorologique a été créé dans une partie du jardin.

La bibliothèque occupe tout le pavillon central du premier étage; elle est très-vaste et contient des collections d'histoire naturelle et de géologie. Il n'existe pas de salle de dessin, mais une grande salle de musique est ménagée au premier étage. Les ateliers d'ouvrages manuels ne comprennent qu'un atelier de reliure de dimensions insuffisantes. Les maîtres n'ont pas de salle de travail commune, ni de salle de conférences dans laquelle ils pourraient réunir tous les élèves et tout le personnel de l'école à l'occasion d'une leçon commune, d'une cérémonie exceptionnelle.

La cuisine est en sous-sol; elle est accompagnée d'une

ÉCOLE NORMALE PRIMAIRE D'INSTITUTEURS

à *Alençon (Orne)*.

Fig. 4.

PLAN GÉNÉRAL.

1. Entrée principale.
2. Entrée de service.
3. Cour d'honneur.
4. Cour de service.
5. Bâtiment de l'école.
6. Cour de récréation de l'école normale.
7. Cour de récréation de l'école annexe.
8. Privés.
9. Gymnase.
10. Rivière (*la Sarthe*).
11. Bassin de natation.
12. Cabines des baigneurs.
13. Jardin potager.
14. Verger.
15. Jardin d'études.
16. Observatoire.
17. Voies publiques.

Fig. 4. — Plan général.

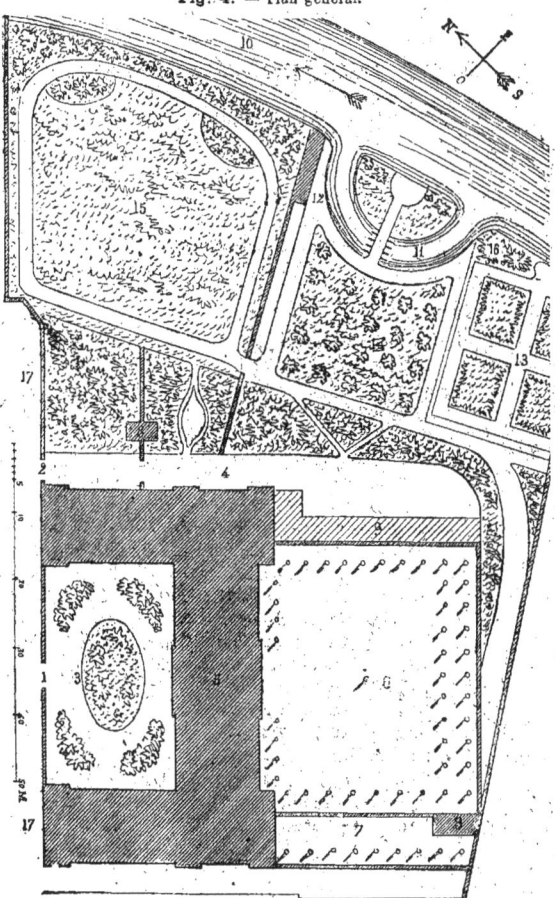

ÉCOLE NORMALE PRIMAIRE D'INSTITUTEURS
à *Alençon (Orne)*.

ÉCOLE NORMALE PRIMAIRE D'INSTITUTEURS

à Alençon (Orne).

[Fig. 5.

PLAN DU REZ-DE-CHAUSSÉE.

1. Galeries.
2. Vestibule.
3. Sortie sur la cour.
4. Passages.
5. Étude.
6. Salle de récréation.
7. Réfectoire.
8. Office.
9. Concierge.
10. Parloir.
11. École annexe, préau des élèves.
12.   id.   classe.
13.   id.   dépôt.
14.   id.   cabinet du directeur.
15. Log^t du dir. Entrée.
16.   id.   Antichambre.
17.   id.   Chambres à coucher.
18.   id.   Cabinets.
19.   id.   Salle à manger.
20.   id.   Cuisine.
21.   id.   Laverie.
22.   id.   Cabinet du directeur.
23. Cour d'honneur.
24. Grille d'entrée.

Fig. 5.

Plan du rez-de-chaussée.

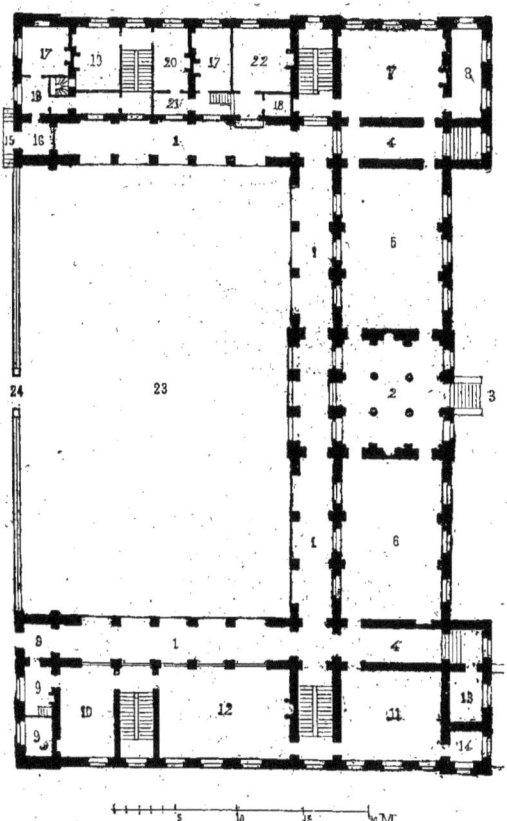

ÉCOLE NORMALE PRIMAIRE D'INSTITUTEURS
à *Alençon (Orne)*.

ÉCOLE NORMALE PRIMAIRE D'INSTITUTEURS

à *Alençon (Orne).*

Fig. 6.

PLAN DU PREMIER ÉTAGE.

1. Galeries.
2. Dégagements.
3. Infirmerie commune.
4. Malades isolés.
5. Infirmier.
6. Privés.
7. Lingerie.
8. Économat.
9. Bibliothèque.
10. Classes.
11. Classe de physique.
12. Dépôt des instruments.
13. Laboratoire de chimie.
14. Atelier de reliure.
15. Vestiaire.
16. Salle de chant.
17. Chambres de domestiques.
18. Logements.

ÉCOLE NORMALE PRIMAIRE A ALENÇON.

Fig. 6.]
Plan du premier étage.

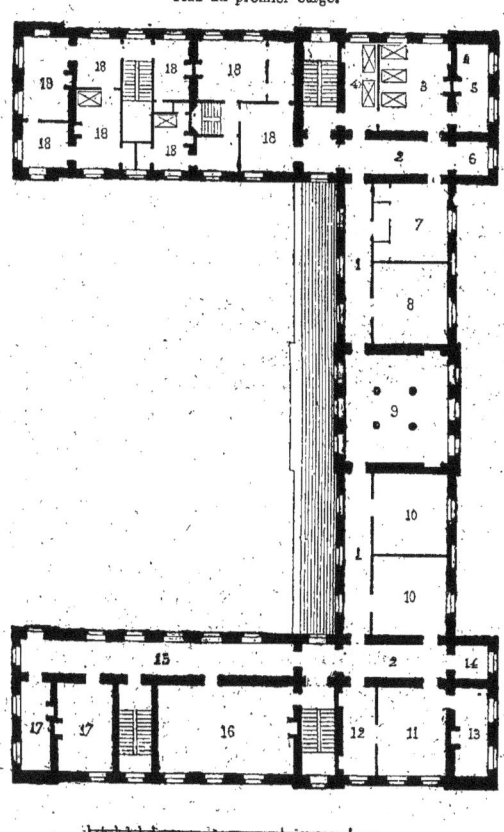

ÉCOLE NORMALE PRIMAIRE D'INSTITUTEURS
à *Alençon* (Orne).

laverie, d'une dépense, d'une cave et de magasins. Le réfectoire est au-dessus de la cuisine. Ces services sont placés trop près du logement du directeur, ce qui peut faciliter des abus. Pendant les chaleurs de l'été les élèves se baignent dans la Sarthe, pendant l'hiver ils prennent des bains de pieds près de la cuisine. Cette dernière installation n'est pas bien disposée.

Le dortoir, placé au deuxième étage *(fig. 7)*, comprend une grande salle de 44 lits remplissant les conditions désirables d'isolement et d'aération. A chaque extrémité des dortoirs sont disposées les chambres de maîtres dont le service est ainsi facilité. Les cabinets avec lavabos sont tellement exigus que les élèves remplissent au dortoir leurs devoirs de propreté. Il en est de même des vestiaires qui sont complètement insuffisants : une petite pièce très étroite sert au nettoyage des chaussures, une autre renferme une chaise percée qui parfois infecte cette partie des bâtiments.

L'infirmerie comprend deux salles, l'une à trois, l'autre à deux lits, puis la chambre de l'infirmier et des privés. Les deux salles, la seconde surtout, sont mal disposées, mal aérées et ne peuvent être saines et salubres; il manque en outre une tisanerie et une petite salle pour la visite du médecin lorsqu'il vient voir un malade non alité.

Chaque logement de maître se compose d'un cabinet de toilette et d'une chambre à coucher de dimensions convenables et placés au deuxième étage dans de bonnes conditions. Le logement du directeur est disposé moitié au rez-de-chaussée, moitié au premier étage; il comprend en tout quatorze pièces, ce qui est exagéré; toute la partie de ce logement située au rez-de-chaussée pourrait fort bien être affectée à un autre usage.

L'école annexe a une issue particulière et une cour séparée de celle de l'école normale ; elle comprend une classe unique et un préau couvert. Ces salles sont vastes et bien aérées. La surface de la classe lui permet de contenir environ 70 élèves, ce qui est trop. Il serait certainement préférable de la diviser en deux salles. Le directeur de l'école annexe est logé à l'école normale ; il occupe un logement qui lui a été cédé *provisoirement* il y a seize ans.

Le chauffage et la ventilation ne sont assurés par aucun procédé spécial. Le mobilier scolaire se compose de bancs-tables ancien modèle. Toute cette partie de l'installation est regrettable.

Il est maintenant facile de se rendre compte des avantages et des inconvénients que présente l'école normale d'Alençon. On n'a pas tiré de l'emplacement qu'elle occupe tout le parti possible. La cour de l'école annexe est longue et étroite, le gymnase est mal placé, la forme du plan du bâtiment disperse les services et les éloigne les uns des autres, au lieu de les relier ensemble. Le logement du directeur, trop important, occupe à lui seul toute une aile, et la vie privée du directeur n'est pas isolée, à l'abri des regards curieux et indiscrets des élèves. L'école enfin est dépourvue de plusieurs services importants. On n'y trouve ni chapelle, ni salle de dessin, ni salle de conférences ou d'assemblée, ni salle de commission de surveillance, ni salle de maîtres ; les privés sont construits à plus de 30 mètres des bâtiments et on ne peut y arriver à couvert ; les vestiaires et l'infirmerie sont installés d'une façon insuffisante et fâcheuse. Une meilleure distribution intérieure eût permis de remédier à la plupart des inconvénients signalés. La place eût pu être mieux utilisée, et, sans occuper plus de surface, il eût été possible de répartir les

Fig. 7.

Plan du deuxième étage.

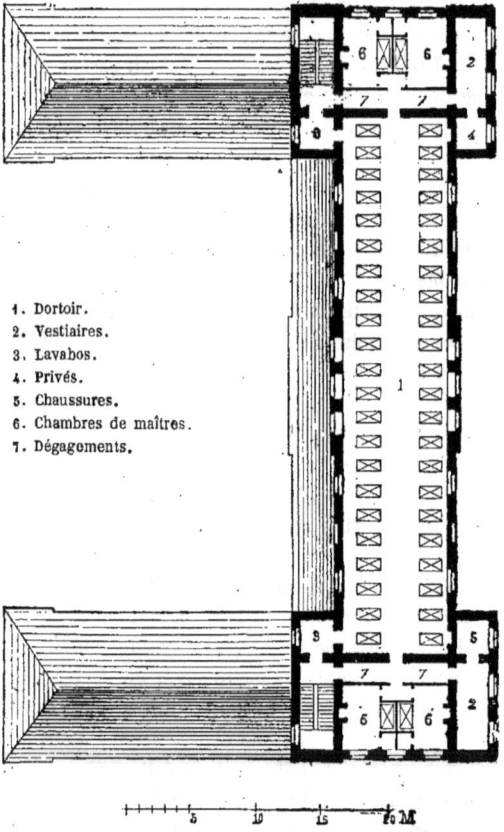

1. Dortoir.
2. Vestiaires.
3. Lavabos.
4. Privés.
5. Chaussures.
6. Chambres de maîtres.
7. Dégagements.

ÉCOLE NORMALE PRIMAIRE D'INSTITUTEURS
à *Alençon (Orne)*.

Fig. 8. — Vue générale des bâtiments, cours, jardins et dépendances.

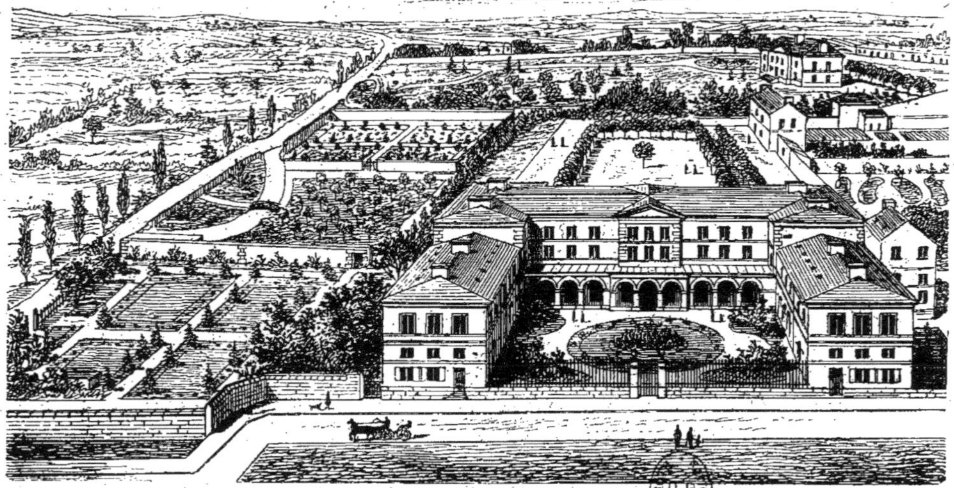

ÉCOLE NORMALE PRIMAIRE D'INSTITUTEURS
à Alençon (Orne).

services d'une façon à la fois plus commode et plus économique.

La figure 8 donne idée de l'aspect général des bâtiments, cours, jardins et dépendances.

III

ÉCOLE NORMALE PRIMAIRE D'INSTITUTEURS
à Châteauroux (Indre).

L'école normale primaire d'instituteurs de Châteauroux ne reçoit que 40 élèves; mais les dimensions de ses dortoirs lui permettraient d'en recevoir près du double. La surface totale des bâtiments, cours et jardins est de plus d'un hectare. Les bâtiments sont de construction moderne et ont été élevés en vue de la destination qu'ils remplissent aujourd'hui. L'école est située hors de la ville, au milieu de la campagne, dans une situation saine et salubre.

Les constructions principales se composent d'un grand corps de bâtiment élevé, partie sur caves, d'un rez-de-chaussée et d'un premier étage, avec deux ailes en retour. Le gymnase est placé en dehors du bâtiment principal; il n'existe pas de chapelle. La superficie du jardin est de 9 ares 216 centiares; celle de la cour de récréation, de 4 ares 41 centiares. Une cour de service est ménagée près de la cuisine.

L'école proprement dite a trois entrées différentes, ce qui complique singulièrement la surveillance *(fig. 9)*. La porte centrale est exclusivement réservée au directeur; les portes des extrémités sont pratiquées sous une volée d'escalier, elles ne sont pas convenables. La porte de gauche sert à l'école normale, celle de droite à l'école annexe. Le parloir est placé entre l'entrée de l'école normale et le cabinet du directeur : il s'ouvre sur une longue galerie qui fait intérieurement le tour de l'édifice et dessert les différentes salles. Il n'existe pas de salle pour les réunions de la commission de surveillance.

Les classes seraient tout à fait insuffisantes, si le personnel de l'école était au complet; elles ne comprennent qu'une petite classe de moins de 15 mètres de surface, une autre plus grande, de 24 mètres environ. La salle d'étude éclairée sur trois faces, a près de 64 mètres superficiels. Il existe entre la surface des classes et celle de la salle d'étude un désaccord difficile à justifier. La bibliothèque sert d'antichambre au cabinet du directeur. Un atelier de reliure très-vaste est placé près de l'escalier. Il n'existe ni amphithéâtre, ni cabinet de physique, ni laboratoire de chimie, ni salle de collections, ni salle de dessin, ni salle de musique, ni salle de maîtres, ni salle de conférences.

La cuisine occupe le rez-de-chaussée du pavillon de droite; elle est accompagnée d'une office et séparée du réfectoire par le vestibule. Les salles de bains manquent.

Une galerie fait le tour des bâtiments; mais cette galerie est, dans l'usage habituel, interrompue au droit du logement du directeur, en sorte qu'au lieu de faciliter le service elle le gêne et le complique.

Trois escaliers, correspondant chacun à une des portes signalées précédemment, montent au premier étage *(fig. 10)*. Les dortoirs occupent les deux ailes : l'un contient 31 lits placés sur trois rangs dans des conditions regrettables au point de vue des convenances et de la salubrité; l'autre n'en contient que 11 placés sur deux rangs. Cette séparation des dortoirs rend la surveillance difficile et pénible même; car elle exige la présence de deux maîtres, tandis qu'un seul devrait pouvoir suffire.

ÉCOLE NORMALE PRIMAIRE A CHATEAUROUX.

Les élèves qui couchent dans le grand dortoir sont obligés d'aller chercher les vestiaires et lavabos au fond d'un couloir. Les élèves du petit dortoir les ont près d'eux. Quant aux chaussures, elles sont placées sous un hangar ménagé dans une cour. L'infirmerie, installée près du petit dortoir, n'est éclairée que par une seule fenêtre et contient quatre lits sans aucune pièce pour les malades isolés. La lingerie est vaste et bien aérée; mais la disposition des lieux est telle que la lingère portant du linge au dortoir, dont elle n'est séparée que par quelques mètres, doit descendre un étage, traverser les bâtiments dans toute leur longueur, sortir dans la cour et remonter ensuite un nouvel étage.

Le logement du directeur occupe le centre de l'édifice. Il comprend au rez-de-chaussée une cuisine avec office et laverie, une salle à manger et un cabinet de travail, puis au premier étage quatre chambres à coucher accompagnées chacune d'un cabinet de toilette. Ce logement est vaste, commode et bien distribué. Les maîtres-adjoints et les domestiques habitent des chambres qui ne diffèrent en rien les unes des autres; elles ont les mêmes dimensions et manquent de cheminée. Il n'existe pas de logement d'aumônier.

L'école annexe comprend une grande classe et un préau couvert séparé de l'école normale, mais mis en communication avec elle au moyen de la galerie dont nous avons déjà parlé. La cour de récréation a 215 mètres de surface.

Le mobilier de l'école normale et celui de l'école annexe sont semblables à tous les mauvais modèles en usage.

Il n'est pris aucune disposition spéciale dans le but de se conformer aux prescriptions propres à assurer un éclairage raisonné, un chauffage et une ventilation efficaces.

ÉCOLE NORMALE PRIMAIRE D'INSTITUTEURS

à *Châteauroux (Indre).*

Fig. 9.

PLAN DU REZ-DE-CHAUSSÉE.

1. Entrée de la direction.
2. Entrée de l'école normale.
3. Entrée de l'école annexe.
4. Vestibule du logement du directeur.
5. Salle à manger   id.
6. Cuisine   id.
7. Offices   id.
8. Cabinet de travail   id.
9. Galeries de communication.
10. Bibliothèque.
11. Parloir.
12. Atelier de reliure.
13. Passage.
14. Classe pour 45 élèves.
15. Classe pour 24 élèves.
16. Étude.
17. Escalier du grand dortoir.
18.   id.   de l'infirmerie.
19.   id.   du directeur.
20. Cuisine de l'école.
21. Office.
22. Réfectoire.
23. Classe de l'école annexe.
24. Préau   id.
25. Cour   id.
26. Basse-cour.
27. Privés.
28. Cour d'honneur.
29. Cour de l'école normale.
30. Jardin.

Fig. 9.

Plan du rez-de-chaussée.

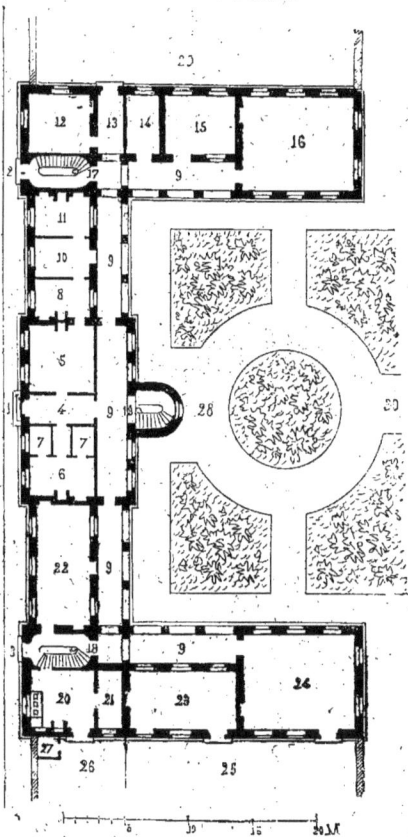

ÉCOLE NORMALE PRIMAIRE D'INSTITUTEURS
à Châteauroux (Indre).

ÉCOLE NORMALE PRIMAIRE D'INSTITUTEURS

à Châteauroux (Indre).

Fig. 10.

PLAN DU PREMIER ÉTAGE.

1. Dortoir de 34 lits.
2. Chambres de maîtres.
3. Lavabos.
4. Vestiaires.
5. Dortoir de 9 lits.
6. Infirmerie.
7. Dégagements.
8. Chambres de domestiques.
9. Lingerie.
10. Dépôt.
11. Antichambre du log^t du directeur.
12. Chambres à coucher   id.
13. Cabinets   id.
14. Privés   id.

ÉCOLE NORMALE PRIMAIRE A CHATEAUROUX.

Fig. 10.

Plan du premier étage.

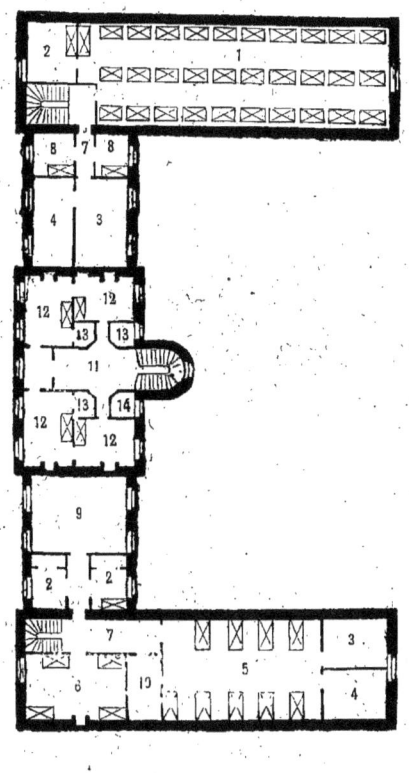

ÉCOLE NORMALE PRIMAIRE D'INSTITUTEURS
à *Châteauroux (Indre).*

On voit que sous une apparence séduisante au premier abord, l'école normale de Châteauroux cache une installation des plus défectueuses ; outre les importants services dont nous avons signalé l'absence ou l'insuffisance, comme classes, études, amphithéâtres, salles de travail des maîtres, salles de musique, de dessin, etc.; il faut insister sur la mauvaise disposition de l'infirmerie, des dortoirs, vestiaire et chambres de maîtres.

IV

ÉCOLE NORMALE PRIMAIRE D'INSTITUTEURS

à Toulouse (Haute-Garonne).

L'école normale de Toulouse est de construction récente ; elle a été inaugurée en 1876. La dépense à laquelle a donné lieu sa construction s'est élevée à 436,000 francs, et, comme elle est destinée à 56 élèves, la dépense moyenne afférente à chacun d'eux revient à 7,785 francs. La surface totale occupée par les bâtiments, cours et jardin est de un hectare environ.

L'entrée principale est ouverte sur la rue Saint-Ange (fig. 11). A droite, est la loge du concierge entourée d'un petit jardin ; en face, une longue avenue plantée d'arbres qui conduit à l'école annexe à gauche, à la cour des élèves-maîtres à droite et au bâtiment principal au fond. Au delà est un grand jardin dans lequel se trouvent la chapelle et un petit édifice pour les observations météorologiques.

Les bâtiments sont élevés, partie sur caves, d'un rez-de-chaussée et de deux étages carrés. Ils comprennent un principal corps flanqué de deux ailes. L'école annexe, complètement séparée de l'école normale, est renfermée dans une enceinte située à gauche de l'avenue, en face de la cour de l'école normale. Dans cette dernière a été élevé pour le gymnase un abri couvert, mais non clos sur toutes ses faces; les élèves y sont donc exposés à de dangereux courants d'air. Les cours de récréation des deux écoles sont munies de privés et chacune d'elles a 5,550 mètres de surface libre. La chapelle forme une construction isolée élevée dans le jardin et qui, non compris le sanctuaire, occupe intérieurement une surface de 100 mètres environ.

Le concierge est logé dans un pavillon placé à l'entrée, composé de deux pièces au rez-de-chaussée *(fig. 12)* et de deux pièces à l'étage. Il n'existe ni parloir, ni salle de séances pour les membres de la commission de surveillance. La salle d'étude est une grande pièce de $7^m,50$ de large sur 16 mètres de long, ce qui rend à peu près impossible à la surveillance du maître de s'exercer sur les élèves placés dans les derniers rangs. Il n'existe que deux classes : l'une a des dimensions convenables, l'autre a $4^m,25$ sur $7^m,50$ et n'est éclairée que par une fenêtre percée dans le sens de la largeur. Auprès de l'amphithéâtre de physique se trouvent un cabinet pour les instruments et un laboratoire de chimie; mais ce dernier n'a pas d'accès indépendant et il faut traverser l'amphithéâtre pour y arriver. A l'extrémité du bâtiment de l'aile droite sont une salle de collections d'histoire naturelle et une salle de dépôt pour 35 chassepots, lesquels seraient, ce semble, bien mieux à leur place près du gymnase. La bibliothèque n'est éclairée que par une fenêtre; elle est voisine de la salle d'étude ; il n'existe ni salle de dessin, ni salle de musique, ni salle de conférences, ni salle de réunion pour les maîtres, ni atelier d'ouvrages manuels.

La cuisine est placée en sous-sol, elle est vaste et accompagnée des dépendances nécessaires ; un escalier spécial la

ÉCOLE NORMALE PRIMAIRE D'INSTITUTEURS

à Toulouse (Haute-Garonne).

Fig. 11.

PLAN GÉNÉRAL.

1. Entrée principale.
2. Avenue.
3. Loge du concierge.
4. Jardin.
5. Entrée de l'école annexe.
6. Préau couvert   id.
7. Classe   id.
8. Cour de récréation id.
9. Privés   id.
10. Cour de récréation des élèves de l'école normale.
11. Gymnase.
12. Privés.
13. Cour d'honneur.
14. Bâtiment principal.
15. Chapelle.
16. Observatoire.
17. Jardin du directeur.
18. Jardin d'études.

ÉCOLE NORMALE PRIMAIRE A TOULOUSE.
Fig. 11 — Plan général.

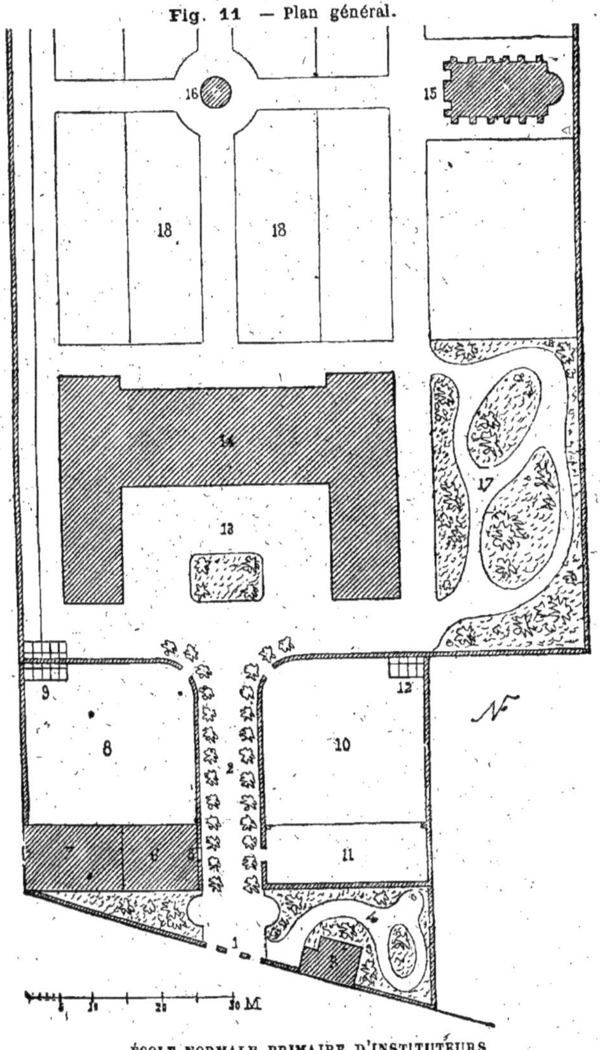

ÉCOLE NORMALE PRIMAIRE D'INSTITUTEURS
à Toulouse (Haute-Garonne).

ÉCOLE NORMALE PRIMAIRE D'INSTITUTEURS

à *Toulouse (Haute-Garonne)*.

Fig. 12.

PLAN DU REZ-DE-CHAUSSÉE.

1. Galerie de communication.
2. Vestibule du logement du directeur.
3. Cabinet   id.
4. Salon   id.
5. Salle à manger   id.
6. Amphithéâtre de physique.
7. Cabinet des instruments.
8. Laboratoire de chimie.
9. Étude.
10. Classes.
11. Bibliothèque.
12. Cabinet d'histoire naturelle.
13. Râtelier d'armes.
14. Réfectoire.
15. Paneterie.
16. Escalier de service de la cuisine.

ÉCOLE NORMALE PRIMAIRE A TOULOUSE.

Fig. 12.

Plan du rez-de-chaussée.

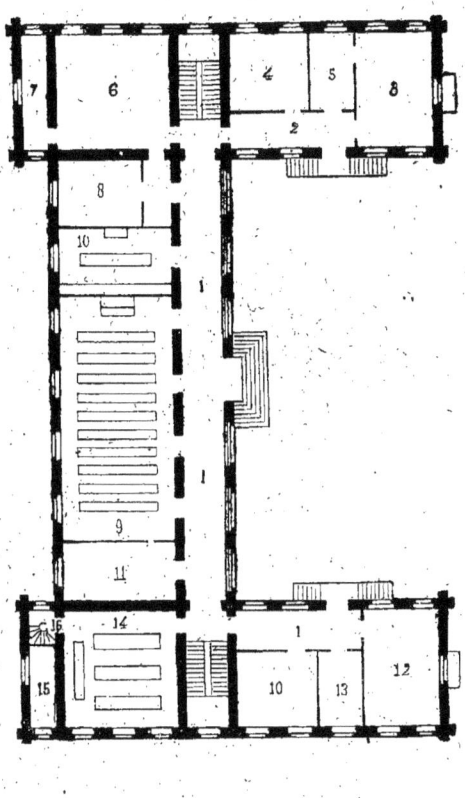

ÉCOLE NORMALE PRIMAIRE D'INSTITUTEURS
à *Toulouse (Haute-Garonne).*

ÉCOLE NORMALE PRIMAIRE D'INSTITUTEURS

à Toulouse (Haute-Garonne).

Fig. 13.

PLAN DU PREMIER ÉTAGE.

1. Galerie.
2. Dortoir pour 28 lits.
3. Lavabos, vestiaires.
4. Dépôt des chaussures.
5. Privés.
6. Chambre pour un maître-adjoint.
7. Chambres pour deux maîtres-adjoints.
8. Infirmerie.
9. Dégagements.
10. Antichambre du log^t du dir.
11. Chambres à coucher id.
12. Cabinets id.

ÉCOLE NORMALE PRIMAIRE A TOULOUSE.

Fig. 13.

Plan du premier étage.

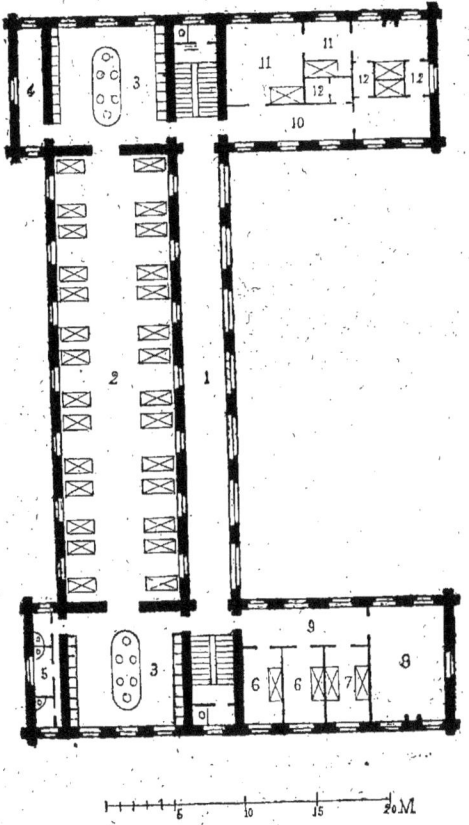

ÉCOLE NORMALE PRIMAIRE D'INSTITUTEURS
à Toulouse (Haute-Garonne).

met en communication avec le réfectoire occupant ainsi que l'office une des saillies de l'aile gauche au rez-de-chaussée. Il n'a été pris aucune disposition pour le service des bains.

Les deux dortoirs sont reportés au premier *(fig. 13)* et au deuxième étage; ils contiennent 28 lits et se terminent, à chaque extrémité, par une salle dans laquelle sont placés les lavabos et les armoires à linge; ces pièces communiquent avec des privés pour la nuit et avec un dépôt pour les chaussures. La disposition des dortoirs placés à deux étages différents est très gênante, et on étudie le moyen de la modifier. L'infirmerie n'occupe qu'une seule pièce très aérée et contenant trois lits.

Les maîtres-adjoints couchent dans des cabinets sans feu, ayant moins de $2^m,50$ de largeur.

Le logement du directeur comprend une grande cuisine en sous-sol, qu'on a dû après coup séparer de la cuisine de l'école au moyen d'une cloison, un salon, une salle à manger et un cabinet de travail; au premier étage, quatre chambres à coucher avec cabinet de toilette. Ce logement est vaste; mais il n'a d'accès que par l'escalier des dortoirs, ce qui établit une communauté gênante et souvent peu convenable entre les élèves et la famille du directeur.

Le logement de l'aumônier se compose de quatre pièces placées au deuxième étage, en face du logement du directeur.

L'école annexe comprend une salle de classe précédée d'un préau couvert; la classe est éclairée sur deux faces et a 16 mètres de long sur 8 mètres de large, ce qui est excessif comme dimensions et par suite comme surface.

Le mobilier de l'école normale et celui de l'école annexe sont tous deux d'un modèle aussi ancien que mauvais; l'éclairage, le chauffage et la ventilation n'ont été l'objet d'aucune étude, d'aucune disposition spéciale.

Fig. 14. — Vue générale

ÉCOLE NORMALE PRIMAIRE D'INSTITUTEURS
à *Toulouse (Haute-Garonne)*.

L'école normale de Toulouse est un édifice important *(fig. 14)*, dont la construction a imposé une lourde dépense au département; il est à peine achevé, et déjà on reconnaît que les sous-sols sont insalubres, que les eaux n'ont pas d'écoulement convenable, et rendent un travail d'assainissement nécessaire; on constate en même temps que des services d'une importance extrême, comme celui des dortoirs sont mal installés, qu'il faut les transformer et pourvoir en même temps à la création d'une salle de dessin, d'une salle de musique, d'une salle de travail pour les maîtres, etc. C'est là une preuve convaincante de l'utilité qu'il y a à mettre promptement un terme aux incertitudes, aux tâtonnements des administrations départementales, à leur éviter des essais qui se traduisent par des erreurs irréparables et un surcroît de dépenses pour les contribuables.

V

ÉCOLE NORMALE PRIMAIRE D'INSTITUTEURS

à Lescar (Basses-Pyrénées).

L'école normale primaire d'instituteurs de Lescar est départementale; mais, au lieu de se trouver au chef-lieu du département, elle est placée à Lescar, petite ville de 2,000 habitants à 8 kilomètres de Pau, où elle occupe un ancien collége de Barnabites. — Elle est destinée à recevoir 50 élèves; sa surface totale est de 146 ares; à l'école est annexé un pensionnat servant d'école préparatoire à l'école normale.

En avant est une cour d'honneur, à gauche le bâtiment du pensionnat, à droite l'école annexe, en face l'école nor-

ÉCOLE NORMALE PRIMAIRE D'INSTITUTEURS

à Lescar (Basses-Pyrénées).

Fig. 15.

PLAN GÉNÉRAL.

1. Cour d'honneur.
2. Concierge.
3. Bâtiment principal.
4. Bâtiments ajoutés.
5. Cour de récréation de l'école annexe.
6. Cour de récréation de l'école normale.
7. Cour du pensionnat.
8. Terrasse.
9. Jardin.
10. Hangar.
11. Potager.
12. Vivier.

ÉCOLE NORMALE PRIMAIRE A LESCAR.

Fig. 15. — Plan général

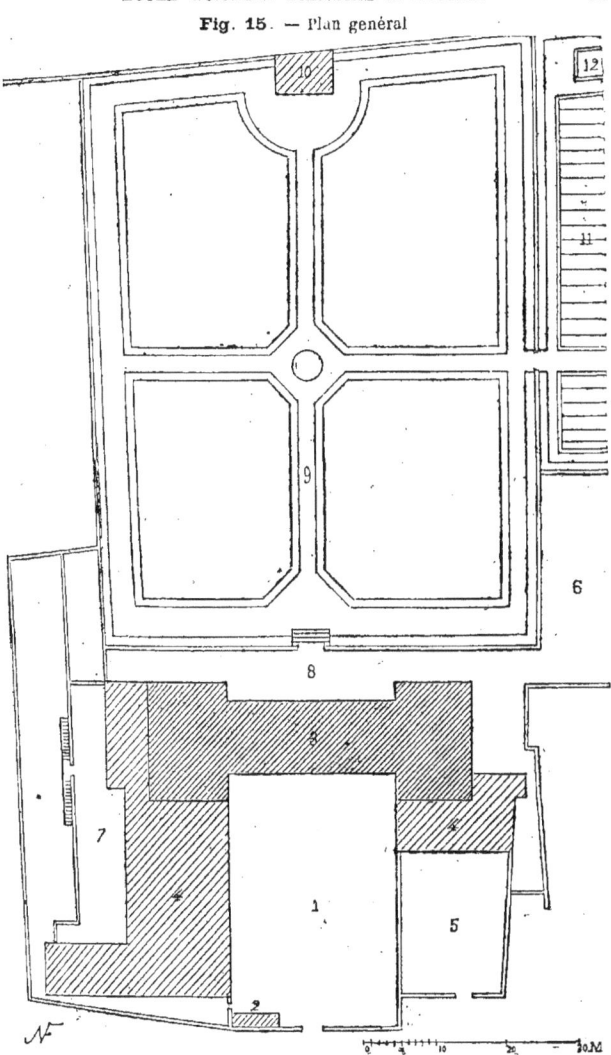

ÉCOLE NORMALE PRIMAIRE D'INSTITUTEURS
à Lescar (Basses-Pyrénées).

ÉCOLE NORMALE PRIMAIRE D'INSTITUTEURS

à Lescar (Basses-Pyrénées).

Fig. 16.

PLAN DU REZ-DE-CHAUSSÉE.

1. Cour d'honneur.
2. Entrée de l'école annexe.
3. Cour de récréation de l'école annexe.
4. École annexe.
5. Galerie.
6. Vestibule.
7. Cuisine.
8. Office.
9. Réfectoire.
10. Passage.
11. Atelier de reliure.
12. Laboratoire de chimie.
13. Cabinet de physique.
14. Salle de musique.
15. Fosse.
16. Privés.
17. Cave de l'aumônier.
18. Cave de l'école.
19. Bûcher.
20. Lampisterie.
21. Dépôt.
22. Remise.
23. Dégagement.
24. Magasin.
25. Entrée de service.
26. Écurie.

ÉCOLE NORMALE PRIMAIRE A LESCAR.

Fig. 16.

Plan du rez-de-chaussée.

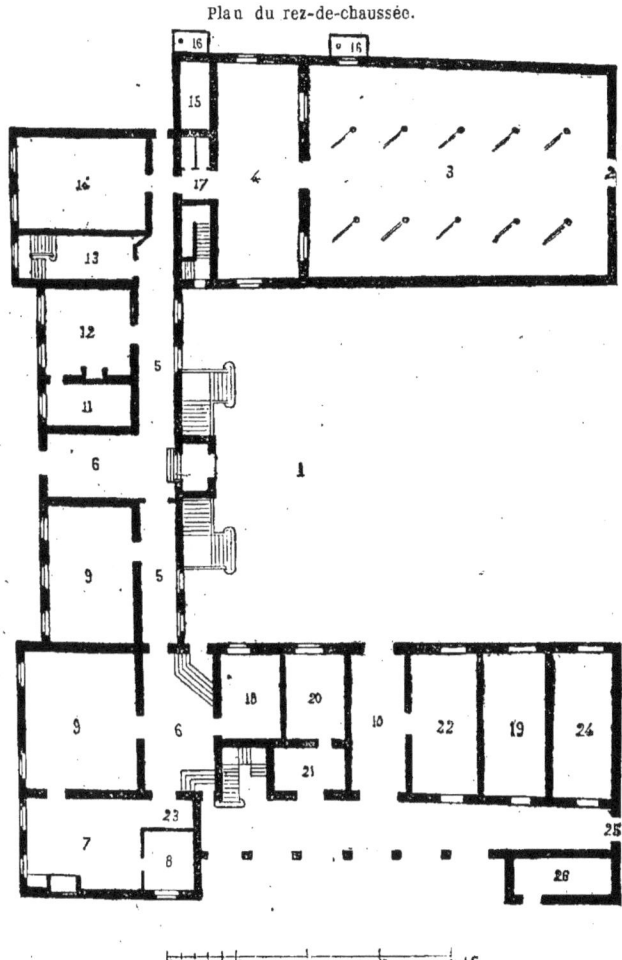

ÉCOLE NORMALE PRIMAIRE D'INSTITUTEURS
à Lescar (Basses-Pyrénées).

male; au delà des bâtiments s'étend un vaste jardin dont une partie est convertie en cour de récréation *(fig. 15)*.

Les bâtiments sont de construction ancienne, mais se prêtent mieux à leur nouvelle destination que ne le font ceux de beaucoup d'écoles récentes.

Les constructions comprennent un corps de bâtiment principal avec deux ailes en retour. Le bâtiment principal est élevé d'un rez-de-chaussée, de deux étages carrés et d'un étage mansardé. Les bâtiments en aile ne sont élevés que d'un rez-de-chaussée, d'un premier et d'un second étage. On parvient du sol de la cour d'honneur au premier étage par un perron monumental servant d'entrée à l'école, une grande galerie dessert à chaque étage les différents services.

Il n'existe pas de préau couvert ni de gymnase. Les privés sont placés dans la cour mais on peut y arriver directement de l'intérieur. La chapelle, installée au premier étage, au-dessus de l'école annexe, a 9 mètres sur $5^m,50$, non compris le sanctuaire, et suffit largement aux besoins du culte.

Le concierge occupe un petit bâtiment à part placé près de l'entrée. Le parloir est au premier étage en face du palier du perron extérieur; à côté se trouvent le cabinet du directeur et la bibliothèque servant aux réunions de la commission de surveillance administrative. Les maîtres ont également au rez-de-chaussée, une salle commune dans laquelle ils peuvent travailler *(fig. 16)*.

Le service de l'enseignement comprend, au rez-de-chaussée, un amphithéâtre de chimie, avec un cabinet pour les instruments de physique et deux classes au premier étage, l'une grande, l'autre petite. Une salle de chant est ménagée au rez-de-chaussée, ainsi qu'un atelier de travail manuel; mais il faut traverser le laboratoire de

ÉCOLE NORMALE PRIMAIRE A LESCAR.

Fig. 17.

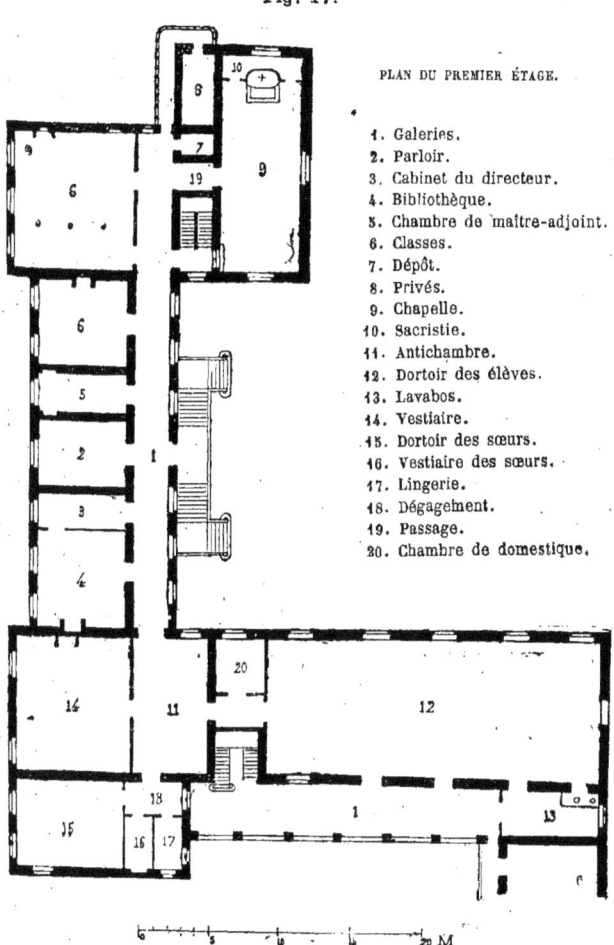

PLAN DU PREMIER ÉTAGE.

1. Galeries.
2. Parloir.
3. Cabinet du directeur.
4. Bibliothèque.
5. Chambre de maître-adjoint.
6. Classes.
7. Dépôt.
8. Privés.
9. Chapelle.
10. Sacristie.
11. Antichambre.
12. Dortoir des élèves.
13. Lavabos.
14. Vestiaire.
15. Dortoir des sœurs.
16. Vestiaire des sœurs.
17. Lingerie.
18. Dégagement.
19. Passage.
20. Chambre de domestique.

ÉCOLE NORMALE PRIMAIRE D'INSTITUTEURS
à Lescar (Basses-Pyrénées).

chimie pour arriver à cet atelier. L'école de Lescar ne possède ni salle de collections, ni salle de dessin, ni salle de conférences ou d'assemblée.

La cuisine est accompagnée d'une office, d'une cave, d'une lampisterie, d'un bûcher et d'un magasin; le réfectoire est près de la cuisine. L'école ne possède ni salle de grands bains, ni salle de bains de pieds.

Le dortoir occupe le premier étage de l'aile gauche; il est vaste, bien éclairé et bien aéré, et complété par un grand vestiaire, un cabinet avec lavabos, des privés et une chambre pour le surveillant *(fig. 17)*. Une galerie le met en communication avec la partie de l'établissement réservée à la communauté et à la lingerie, au-dessus de laquelle sont les deux pièces de l'infirmerie, l'une pour les malades en commun, l'autre pour les malades isolés.

C'est ici le cas d'appeler l'attention sur les avantages qu'offrent dans une école les galeries du genre de celles qu'on trouve à l'école de Lescar, et qui permettent aux différents services d'être reliés ensemble, rattachés l'un à l'autre, tout en restant indépendants *(fig. 18)*.

Le logement de l'aumônier comprend trois pièces et deux grands cabinets. Le logement du directeur comprend une antichambre, une cuisine, une salle à manger, une office, un salon, trois chambres à coucher, deux grands cabinets et une chambre de domestique. Les chambres des maîtres-adjoints sont petites et sans feu. Tous ces logements occupent le deuxième étage et sont desservis par un long corridor qui conduit à la tribune de la chapelle.

L'école annexe placée au rez-de-chaussée, a une entrée indépendante s'ouvrant directement sur la voie publique. En avant est une cour de récréation avec des

Fig. 18. — Vue des galeries.

ÉCOLE NORMALE PRIMAIRE D'INSTITUTEURS
à *Lescar (Basses-Pyrénées)*.

privés, puis une salle de classe unique, sans préau couvert et rattachée à l'école normale par un passage intérieur. Le maître de l'école annexe n'est pas logé dans l'établissement.

Le mobilier de l'école normale et celui de l'école annexe n'ont profité d'aucune des améliorations préconisées depuis quelques années ; il en est de même du chauffage et de la ventilation qui ne sont assurés par aucun procédé particulier.

En résumé l'école normale de Lescar est insuffisamment installée, elle est incomplète sous bien des rapports ; cependant, elle présente un ensemble dont toutes les parties sont bien reliées entre elles ; si ces parties pouvaient être complétées, l'école se trouverait alors dans des conditions très satisfaisantes.

VI

ÉCOLE NORMALE PRIMAIRE D'INSTITUTEURS
à Rennes (Ille-et-Vilaine).

L'école normale primaire d'instituteurs de Rennes, de régionale qu'elle était, est devenue départementale ; elle contient actuellement 40 élèves. La construction en est récente.

Les bâtiments se composent d'un corps principal flanqué de deux ailes terminées chacune par un pavillon faisant retour d'équerre. Ces bâtiments sont élevés, sur sous-sol, d'un rez-de-chaussée et de trois étages carrés.

Ils sont entourés de cours et de jardins assez vastes pour recevoir une salle de gymnastique et une chapelle.

Le concierge occupe un pavillon à l'entrée. La pièce qui sert de parloir est un vestibule précédant l'escalier et servant de passage. L'escalier n'est éclairé qu'en second jour.

La commission administrative n'a pas de salle spéciale pour ses réunions. Le cabinet du directeur, relégué au premier étage, à l'extrémité d'un des pavillons, est éclairé par une seule fenêtre. La surface de ce cabinet est de beaucoup insuffisante et l'emplacement qu'il occupe rend la surveillance impossible *(fig. 19)*.

Les classes sont au nombre de trois, deux de même surface, $8^m,00 \times 6^m,00$, au premier étage et une de $5^m,00 \times 6^m,00$ au rez-de-chaussée. La salle d'étude est au rez-de-chaussée, elle a $12^m,00 \times 6^m,00$. Ces salles, éclairées sur deux faces opposées, sont bien aérées, mais mal disposées, car il faut traverser les unes pour arriver aux autres. La classe de chimie est en arrière de l'escalier, au rez-de-chaussée; elle est séparée de la classe de physique par la moitié du bâtiment. La classe de physique est accompagnée d'un cabinet pour les instruments et d'un autre pour les manipulations; mais cette classe n'a d'accès direct d'aucune partie de l'école, et les élèves, quand ils sont à l'intérieur, se trouvent pour s'y rendre obligés de passer au dehors.

Une salle de collections d'histoire naturelle est installée au premier étage *(fig. 20)* et une bibliothèque au second. La salle de musique et la salle de dessin sont côte à côte au premier étage et l'on passe par l'une pour gagner l'autre. Il n'existe ni salle de maîtres, ni salle d'assemblée, ni salle de travail manuel.

La cuisine, placée au rez-de-chaussée, près du réfectoire, est trop exiguë; elle est accompagnée d'une office et d'une laverie. Un escalier de service la met en communication directe avec le sous-sol, mais elle n'est séparée ni de la

ÉCOLE NORMALE PRIMAIRE A RENNES.

Fig. 19.

PLAN DU REZ-DE-CHAUSSÉE

1. Parloir.
2. Réfectoire.
3. Cuisine.
4. Escalier de service.
5. Laverie.
6. Cabinet du directeur.
7. Salle d'étude.
8. Classe de grammaire.
9. Id. chimie.
10. Id. physique.
11. Cabinet des instruments.
12. Dégagements.
13. Vestibule, logement du directeur.
14. Cuisine id.
15. Salle à manger id.
16. Salon id.
17. Privé. id.
18. Escalier id.
19. Escalier de l'aumônier.

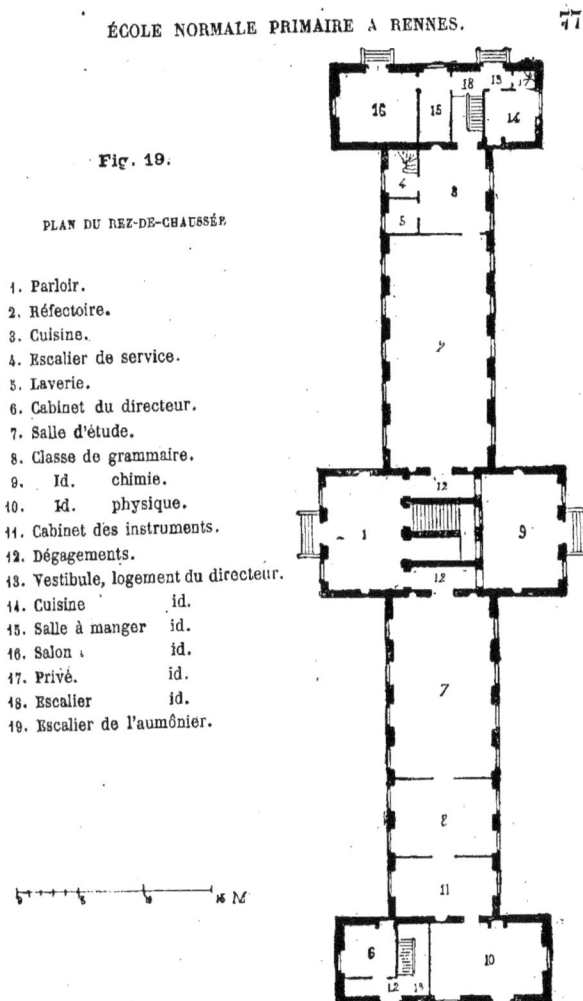

ÉCOLE NORMALE PRIMAIRE D'INSTITUTEURS
à Rennes (Ille-et-Vilaine).

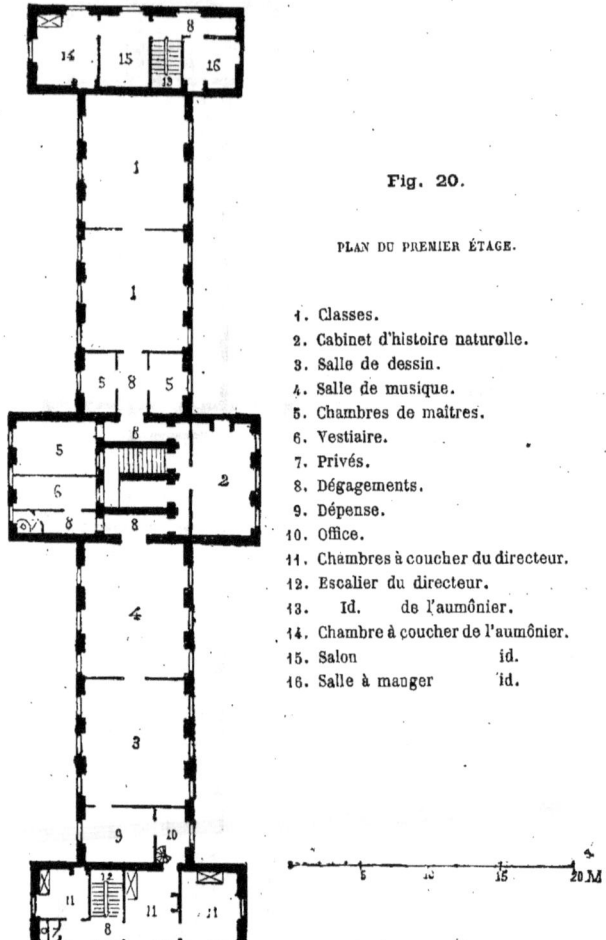

Fig. 20.

PLAN DU PREMIER ÉTAGE.

1. Classes.
2. Cabinet d'histoire naturelle.
3. Salle de dessin.
4. Salle de musique.
5. Chambres de maîtres.
6. Vestiaire.
7. Privés.
8. Dégagements.
9. Dépense.
10. Office.
11. Chambres à coucher du directeur.
12. Escalier du directeur.
13.   Id. de l'aumônier.
14. Chambre à coucher de l'aumônier.
15. Salon   id.
16. Salle à manger   id.

ÉCOLE NORMALE PRIMAIRE D'INSTITUTEURS
à Rennes (Ille-et-Vilaine).

cuisine ni de la salle à manger du directeur, et cette proximité peut être la cause d'abus. Aucune disposition n'est prise pour le service des bains de pieds ou des grands bains. Le réfectoire se compose d'une grande pièce sans office ni dépôt.

Les dortoirs, placés au deuxième étage *(fig. 21)*, sont au nombre de trois, ce qui complique singulièrement la surveillance. Ils contiennent quarante lits convenablement espacés. On n'a pas installé de pièce spéciale pour les lavabos, et le vestiaire est reporté au troisième étage.

Les chambres de maîtres, placées près des dortoirs, sont des cabinets ayant juste la surface nécessaire pour recevoir un lit.

L'infirmerie se compose d'une grande pièce au troisième étage, à côté sont les chambres de domestiques. La lingerie est au même étage, derrière l'escalier et près du vestiaire *(fig. 22)*.

Le logement du directeur se compose, au rez-de-chaussée, d'une cuisine, d'une salle à manger de $2^m,30$ de largeur, d'un salon, puis de deux chambres à coucher au premier étage et de deux au second; ce logement est mal distribué, la superposition des pièces en rend le service difficile. Le logement de l'aumônier, situé au premier étage du pavillon opposé à celui du directeur, se compose de trois petites pièces.

L'école annexe est placée en dehors des bâtiments de l'école normale.

Le mobilier n'offre rien à signaler, non plus que les dispositions qui auraient dû être prises pour assurer le chauffage et la ventilation. Quant à l'éclairage des salles de travail, il est bilatéral et vient de droite et de gauche.

L'école normale de Rennes, conçue sur un plan différent

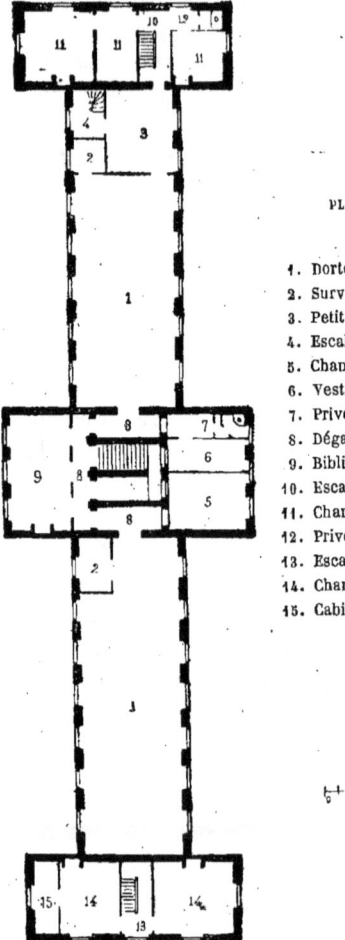

Fig. 21.

PLAN DU DEUXIÈME ÉTAGE.

1. Dortoirs.
2. Surveillants.
3. Petit dortoir.
4. Escalier de service.
5. Chambres de maîtres.
6. Vestiaire.
7. Privés.
8. Dégagements.
9. Bibliothèque.
10. Escalier du directeur.
11. Chambres à coucher du directeur.
12. Privés du directeur.
13. Escalier de l'aumônier.
14. Chambres à coucher de l'aumônier.
15. Cabinet de toilette id.

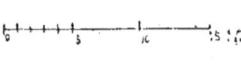

ÉCOLE NORMALE PRIMAIRE D'INSTITUTEURS
à Rennes (Ille-et-Vilaine).

ÉCOLE NORMALE PRIMAIRE A RENNES.

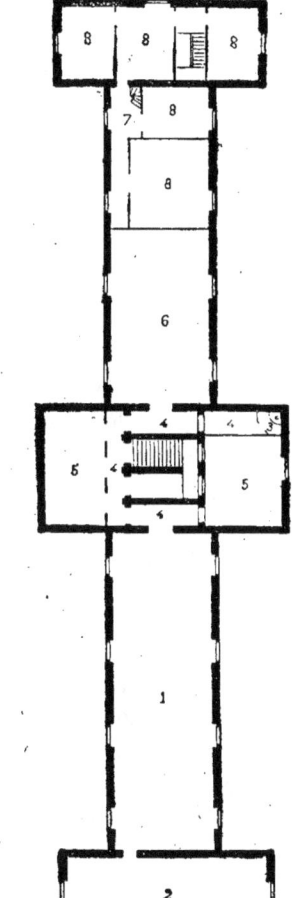

Fig. 22.

PLAN DU TROISIÈME ÉTAGE.

1. Vestiaire.
2. Magasin-dépôt.
3. Privés.
4. Dégagements.
5. Lingerie.
6. Infirmerie.
7. Escalier de service.
8. Chambres de domestiques.

ÉCOLE NORMALE PRIMAIRE D'INSTITUTEURS
à Rennes (Ille-et-Vilaine).

de celles que nous avons déjà vues, n'en est pas pour cela mieux disposée. Des services importants font défaut, ceux qui ont été prévus sont mal répartis, placés à une grande distance les uns des autres et, le plus souvent, disposés dans des conditions défavorables.

VII

ÉCOLE NORMALE PRIMAIRE D'INSTITUTEURS

à Tarbes (Hautes-Pyrénées).

L'école normale primaire de Tarbes est départementale, elle peut recevoir 32 élèves et occupe une surface totale de près d'un hectare. Elle se compose d'un grand corps de bâtiment élevé à diverses hauteurs et entourant une cour centrale; en avant est ménagée une cour d'honneur précédant les bâtiments et renfermant plusieurs constructions annexes; en arrière est un vaste jardin potager *(fig. 23)*.

Les bâtiments ont été construits de 1835 à 1840; ils ont coûté 200,000 francs, soit environ 6,250 francs par élève.

Ces bâtiments forment un quadrilatère entouré d'une galerie qui dessert tous les services. Ils sont élevés, sur caves, d'un rez-de-chaussée et d'un étage. La partie formant la façade principale et regardant l'entrée ne comprend qu'une galerie élevée d'un rez-de-chaussée et servant à établir une communication entre les bâtiments latéraux. Dans la cour d'entrée se trouvent deux petites constructions annexes destinées, l'une au logement du concierge, l'autre au cabinet de physique. Les cours sont vastes, isolent les bâtiments, et les mettent dans de bonnes conditions d'aération et de salubrité. Le préau couvert servant aux

ÉCOLE NORMALE PRIMAIRE A TARBES.

Fig. 23.

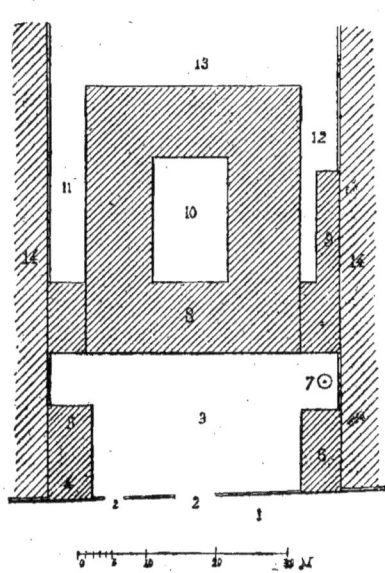

PLAN GÉNÉRAL.

1. Voie publique
2. Entrées.
3. Cour d'honneur.
4. Parloir.
5. Concierge.
6. Dépôt.
7. Puits.
8. Bâtiment principal.
9. Hangars.
10. Cour intérieure.
11. Passage.
12. Cour de service.
13. Jardin.
14. Propriétés voisines.

ÉCOLE NORMALE PRIMAIRE D'INSTITUTEURS
à *Tarbes (Hautes-Pyrénées)*.

récréations des élèves est placé à l'intérieur même du bâtiment et fait au rez-de-chaussée face à l'entrée. Les privés sont dans la cour de récréation, et la chapelle occupe, au rez-de-chaussée, la partie gauche des bâtiments; elle a $9^m,20 \times 6^m,00$, est isolée du mouvement de l'école et a un accès facile. Une petite sacristie lui fait suite.

Le logement du concierge se compose de deux pièces de dimensions suffisantes. Le parloir, placé près de la loge, est mal disposé, n'a pas d'entrée convenable et est trop exigu. La commission administrative a pour ses réunions une salle spéciale au-dessus de la chapelle. Le cabinet du directeur communique au moyen de la galerie intérieure avec toutes les parties de l'école; il est bien placé pour la surveillance.

Les classes sont au nombre de deux seulement; leur surface est suffisante, mais elles sont mal disposées et mal éclairées. La salle d'étude offre les mêmes défauts. Outre l'amphithéâtre de physique, il existe un grand cabinet avec laboratoire placé dans la cour d'entrée où il occupe une construction annexe, la séparation de ces deux services doit être une gêne pour l'enseignement. L'école ne possède ni salle de dessin, ni salle de conférences ou d'assemblée, ni ateliers d'ouvrages manuels. La bibliothèque et la salle de collections sont réunies au rez-de-chaussée *(fig. 24)*, près du cabinet du directeur.

La cuisine, placée dans l'aile droite, a de bonnes dimensions; elle est complétée par un hangar servant de magasin, de dépense et de laverie. Le réfectoire bien éclairé et bien aéré, se trouve près de la cuisine. Les salles de bains font malheureusement défaut.

Le dortoir se compose d'une salle unique; il contient trente-deux lits groupés deux à deux, mais il serait facile de les espacer d'une façon plus convenable. Les lits placés dans des angles ne sont pas suffisamment aérés. Ces dortoirs manquent de vestiaires et de lavabos et n'ont pas de cabinets réservés aux surveillants.

L'infirmerie contient trois lits et se compose d'une pièce éclairée par une seule fenêtre. Deux petits cabinets servant chacun de dépôt dépendent de cette infirmerie. La lingerie est placée près du dortoir, elle a des dimensions tout à fait insuffisantes et ne comprend qu'une seule pièce.

Le directeur a pour son logement une cuisine, un salon, une salle à manger et trois ou quatre cabinets assez mal distribués. L'aumônier occupe, près de l'infirmerie, une chambre et deux petits cabinets. Les chambres de maîtres sont de dimensions convenables, mais deux sont dépendantes l'une de l'autre, deux autres sont accompagnées d'un cabinet. Près du dortoir est une chambre commune pour deux domestiques.

L'école annexe est en construction.

Le mobilier, l'éclairage et le chauffage n'offrent aucune disposition utile à signaler.

L'école de Tarbes est en général bien distribuée. Les galeries, les vestibules et la salle de récréation, qu'on pourrait facilement convertir en salle de conférences, donnent aux différents services l'air et l'espace dont ils ont besoin pour s'installer et se mouvoir dans de bonnes conditions. Les services sont bien groupés les uns près des autres par rapport à leur destination, mais ils offrent bien des lacunes regrettables.

ÉCOLE NORMALE PRIMAIRE D'INSTITUTEURS

à *Tarbes (Hautes-Pyrénées).*

Fig. 24.

PLAN DU REZ-DE-CHAUSSÉE.

1. Vestibule.
2. Chapelle.
3. Sacristie.
4. Réfectoire.
5. Cuisine.
6. Dépense.
7. Dégagement.
8. Salle d'attente.
9. Cabinet du directeur.
10. Bibliothèque.
11. Salle de récréation.
12. Classes.
13. Salle de physique.
14. Salle d'étude.
15. Galeries.
16. Escalier du logement du directeur.
17. Cour intérieure.
18. Privés.

Fig. 24.

Plan de rez-de-chaussée.

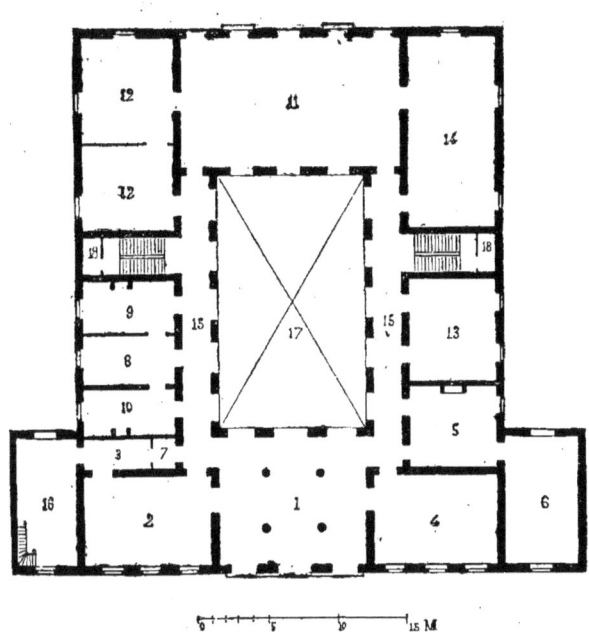

ÉCOLE NORMALE PRIMAIRE D'INSTITUTEURS
Tarbes (Hautes-Pyrénées).

ÉCOLE NORMALE PRIMAIRE D'INSTITUTEURS

à Tarbes (Hautes-Pyrénées).

Fig. 25.

PLAN DU PREMIER ÉTAGE.

1. Terrasse.
2. Galeries.
3. Dortoir.
4. Chambres de maîtres.
5. Salle des maîtres.
6. Magasin.
7. Lingerie.
8. Chambre de l'aumônier.
9. Infirmerie.
10. Salle de la Commission.
11. Cuisine, logement du directeur.
12. Escalier de service   id.
13. Salle à manger   id.
14. Salon   id.
15. Chambres à coucher   id.
16. Dégagements.

Fig. 25.

Plan du premier étage.

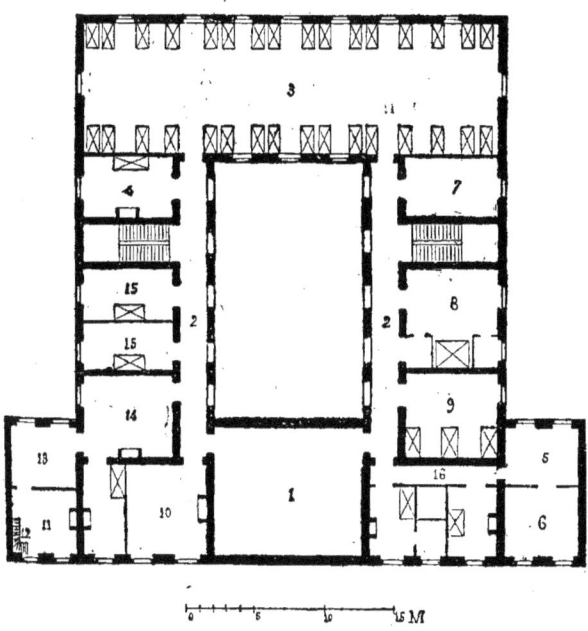

ÉCOLE NORMALE PRIMAIRE D'INSTITUTEURS
à *Tarbes (Hautes-Pyrénées).*

VIII

ÉCOLE NORMALE PRIMAIRE D'INSTITUTEURS
à Blois (Loir-et-Cher).

L'école normale primaire d'instituteurs de Blois (1) est départementale. Elle est destinée à recevoir 47 élèves et occupe une surface totale d'environ 5,200 mètres.

Une grille et un mur de clôture l'entourent de toutes parts. La grille donne accès dans une grande cour. A gauche est la loge du concierge, en face le bâtiment principal, puis la cour de récréation avec le gymnase, et en arrière le jardin potager *(fig. 26)*.

La construction de l'école de Blois ne remonte qu'à quatre ou cinq ans; elle a donné lieu à une dépense de 130,000 francs environ, soit 3,000 francs par élève : moyenne peu élevée et qui tient à la manière insuffisante dont sont installés la plupart des services.

Le bâtiment principal rappelle un peu la disposition de celui de l'école de Rennes. Il comprend un corps principal flanqué de deux ailes terminées chacune par un pavillon. Les constructions sont élevées, sur sous-sol, d'un rez-de-chaussée et de deux étages carrés. Les cours de récréation sont communes *aux élèves de l'école normale et aux élèves de l'école annexe*, disposition très regrettable à tous égards. Le gymnase occupe dans la cour de récréation un petit bâtiment séparé; il en est de même des privés. Il n'existe pas de chapelle.

Le bâtiment du concierge est près de la grille d'entrée, il comprend la loge et le parloir.

---

(1) M. Poupart, architecte.

La commission administrative occupe une vaste salle au rez-de-chaussée du pavillon de droite. Le cabinet du directeur, qui est à côté de cette salle, se trouve placé de façon à rendre à peu près impossible une surveillance effective *(fig. 27)*.

Les classes, au nombre de trois, sont de dimensions variées et suffisantes; mais elles sont mal éclairées et mal disposées, et il faut traverser les deux premières pour arriver à la troisième. La même étude est commune à toutes les divisions; le jour arrive dans cette étude de trois côtés à la fois. Des pupitres mobiles fixés le long des murs permettent de convertir cette salle en salle de dessin, et un piano ou un orgue la fait servir de salle de musique. Cette installation est déplorable *(fig. 27)*.

L'enseignement de la physique et de la chimie se fait dans une classe spéciale, au rez-de-chaussée, tandis que le laboratoire est au premier étage. Disposition peu commode. La bibliothèque occupe l'avant-corps du bâtiment principal au premier étage; elle est assez vaste et complétée par un cabinet d'histoire naturelle. Il n'existe ni salle de conférences, ni salle de maîtres, ni atelier d'ouvrages manuels, ni en réalité de salle de musique et de dessin.

La cuisine est en sous-sol, très-grande mais mal éclairée; on y parvient en suivant un long couloir ou en traversant le réfectoire ou le préau couvert de l'école annexe. Près de cette cuisine sont un magasin-dépôt, une salle de bains très-exiguë et la chambre du calorifère. Toute cette partie des services, logée en sous-sol, ne peut être convenablement tenue par suite du manque d'air et de lumière *(fig. 28)*.

L'infirmerie, placée au premier étage, comprend une salle commune à deux lits, une chambre d'isolement, une

ÉCOLE NORMALE PRIMAIRE D'INSTITUTEURS

à Blois (Loir-et-Cher).

Fig. 26.

PLAN GÉNÉRAL.

1. Voie publique.
2. Entrée.
3. Concierge.
4. Cour d'entrée.
5. Cour de l'école normale et de l'école annexe.
6. Privés.
7. Bâtiment principal.
8. Gymnase.
9. Hangar.
10. Bûcher.
11. Jardin.

Fig. 26.
Plan général.

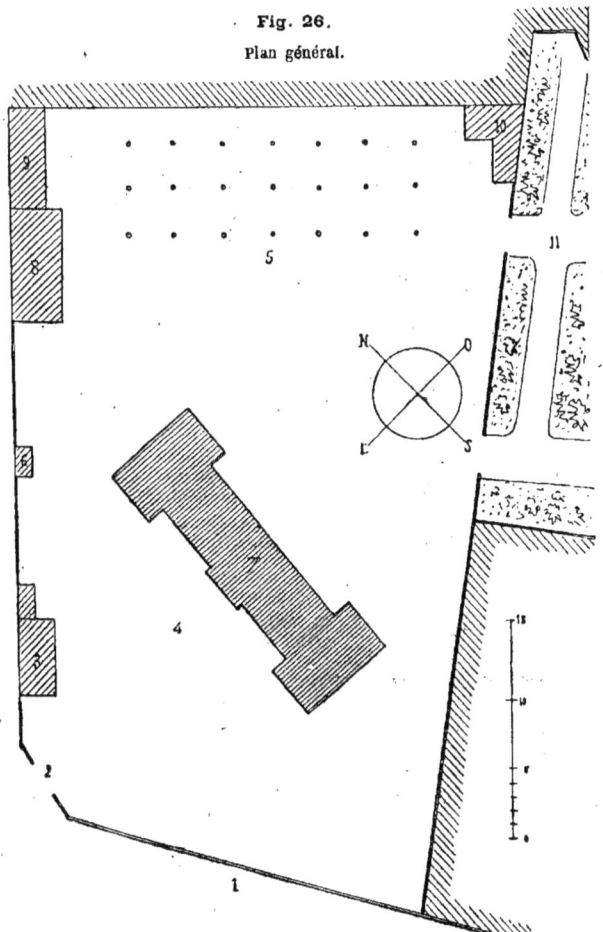

ÉCOLE NORMALE PRIMAIRE D'INSTITUTEURS
à Blois (Loir-et-Cher).

Fig. 27.

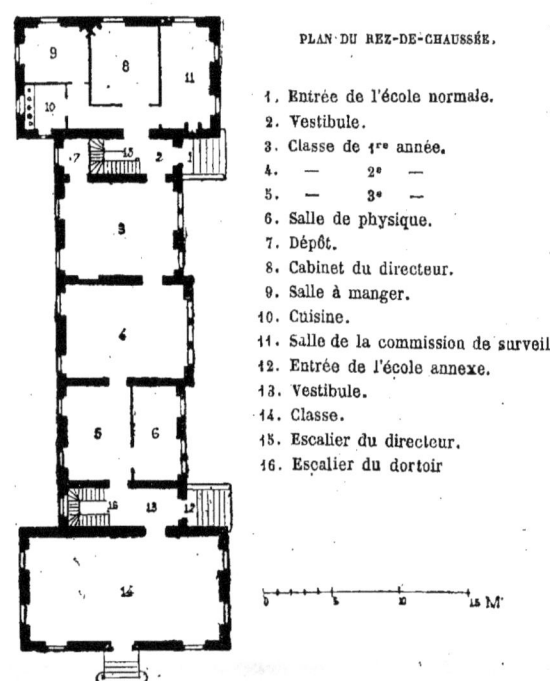

PLAN DU REZ-DE-CHAUSSÉE.

1. Entrée de l'école normale.
2. Vestibule.
3. Classe de 1re année.
4. — 2e —
5. — 3e —
6. Salle de physique.
7. Dépôt.
8. Cabinet du directeur.
9. Salle à manger.
10. Cuisine.
11. Salle de la commission de surveillance.
12. Entrée de l'école annexe.
13. Vestibule.
14. Classe.
15. Escalier du directeur.
16. Escalier du dortoir

ÉCOLE NORMALE PRIMAIRE D'INSTITUTEURS
à Blois (Loir-et-Cher).

ÉCOLE NORMALE PRIMAIRE A BLOIS.

Fig. 28.

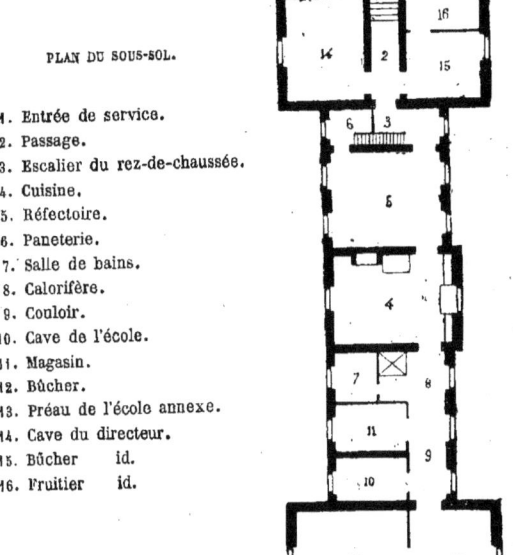

PLAN DU SOUS-SOL.

1. Entrée de service.
2. Passage.
3. Escalier du rez-de-chaussée.
4. Cuisine.
5. Réfectoire.
6. Paneterie.
7. Salle de bains.
8. Calorifère.
9. Couloir.
10. Cave de l'école.
11. Magasin.
12. Bûcher.
13. Préau de l'école annexe.
14. Cave du directeur.
15. Bûcher id.
16. Fruitier id.

ÉCOLE NORMALE PRIMAIRE D'INSTITUTEURS

Blois (Loir-et-Cher).

chambre pour l'infirmerie et des privés; — la lingerie est en face avec une chambre pour la lingère *(fig. 29)*.

Le logement du directeur se compose d'une cuisine et d'une salle à manger au rez-de-chaussée, et de trois chambres à coucher avec chambre de bonne et cabinet au premier étage. L'aumônier n'a aucune pièce à sa disposition à l'école. Les chambres de maîtres-adjoints sont sans cheminée.

L'architecte, auquel était imposé un programme impossible à réaliser avec les ressources mises à sa disposition, s'est efforcé, dans l'installation des dortoirs, d'atténuer les défauts résultant du manque de place et a tâché de réunir tous les lits dans une salle unique, de façon à simplifier le service. Malgré ses efforts, le résultat n'a pas été heureux. Les dortoirs sont en réalité divisés en deux parties : l'une contient 20 lits, l'autre 26. Un certain nombre de lits sont placés sur quatre rangs, sans air ni lumière, d'autres sont masqués par des retraites et des saillies qui rendent la surveillance impossible. Des lavabos, vestiaires et privés occupent avec un cabinet de maître la partie centrale. Cette distribution est bien entendue, mais offre une surface insuffisante *(fig. 30)*.

L'école annexe occupe le pavillon de l'aile gauche ; elle comprend une grande salle éclairée sur trois faces au rez-de-chaussée et un petit préau relégué au sous-sol, trois fois plus petit que la classe.

Le mobilier est mauvais. Les classes sont mal éclairées et un calorifère installé dans le sous-sol chauffe toutes les parties du bâtiment.

La construction de l'école normale d'instituteurs de Blois est très-simple *(fig. 31)*, et n'a pas occasionné une lourde dépense au département de Loir-et-Cher; mais on

ÉCOLE NORMALE PRIMAIRE A BLOIS.

Fig. 29.

PLAN DU PREMIER ÉTAGE.

1. Galerie.
2. Salle d'étude.
3. Laboratoire.
4. Bibliothèque.
5. Cabinet d'histoire naturelle.
6. Chambres des maîtres-adjoints.
7. Lingerie.
8. Chambre de la lingère.
9. Infirmerie.
10. Chambre d'isolement.
11. Infirmier.
12. Privés.
13. Chambre de domestiques.
14. Dégagement.
15. Chambres à coucher du directeur.
16. Cabinet du directeur.
17. Escalier du directeur.
18. Escalier du dortoir.

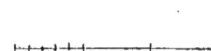

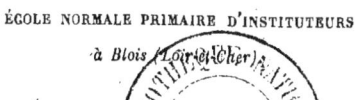

ÉCOLE NORMALE PRIMAIRE D'INSTITUTEURS
à Blois (Loir-et-Cher)

ÉC. NORM. PRIM.

Fig. 30.

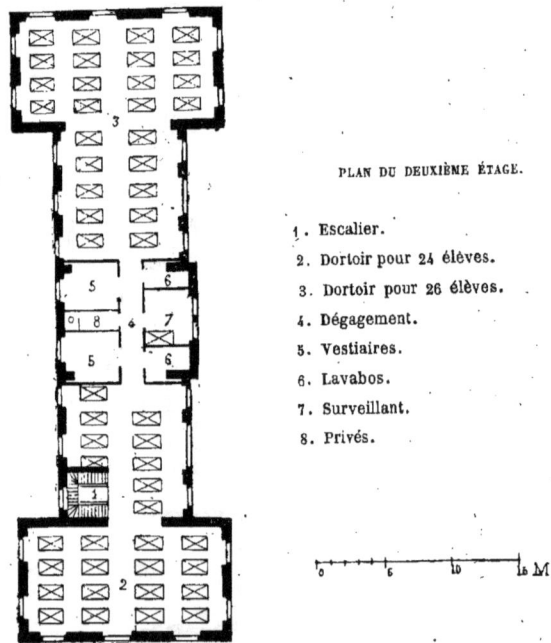

PLAN DU DEUXIÈME ÉTAGE.

1. Escalier.
2. Dortoir pour 24 élèves.
3. Dortoir pour 26 élèves.
4. Dégagement.
5. Vestiaires.
6. Lavabos.
7. Surveillant.
8. Privés.

ÉCOLE NORMALE PRIMAIRE D'INSTITUTEURS
à *Blois (Loir-et-Cher).*

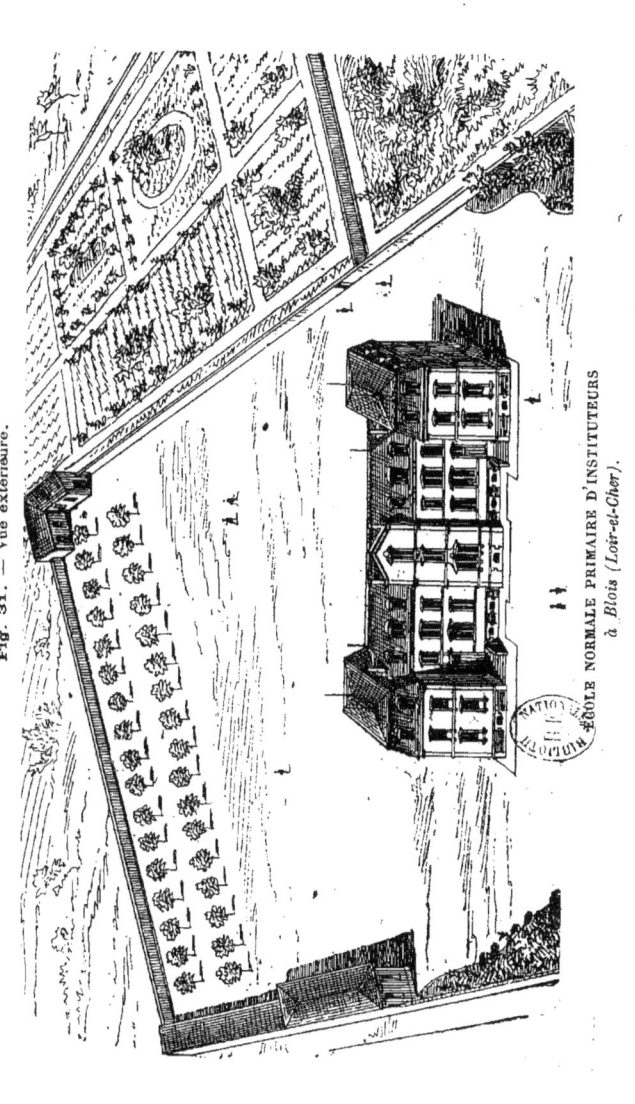

Fig. 31. — Vue extérieure.

ÉCOLE NORMALE PRIMAIRE D'INSTITUTEURS
à Blois (Loir-et-Cher).

voit en revanche quels sacrifices il a fallu faire sur bien des points essentiels et combien il est utile qu'un programme net et précis indique à chaque architecte la tâche qu'il a à remplir et mette à sa disposition les éléments nécessaires.

IX

ÉCOLE NORMALE PRIMAIRE D'INSTITUTEURS
à Montauban (Tarn-et-Garonne).

L'école normale primaire d'instituteurs à Montauban (1) peut être considérée comme régionale : car elle reçoit les élèves catholiques du département du Lot et de celui de Tarn-et-Garonne; elle contient 40 élèves et occupe, compris bâtiments, cours et jardins, une surface totale de 1 hectare 23 ares.

Les constructions sont récentes et ont occasionné une dépense de 200,000 francs, qui, répartie sur 40 élèves, donne pour chacun d'eux un chiffre moyen de 5,000 francs.

En bordure de la voie publique, s'élève une grille fermant la cour d'honneur; à droite est l'entrée de l'école annexe, à gauche celle d'une cour de service. Les bâtiments se composent d'un bâtiment principal au fond avec deux longues ailes en retour. Les points de rencontre des divers corps de logis sont accusés par des pavillons faisant saillie; derrière le bâtiment principal sont les cours de récréation de l'école annexe et de l'école normale, complétement séparées l'une de l'autre. Dans les cours se trouvent des constructions isolées renfermant le gymnase,

---

1. MM. Bourdais et Combebiac, architectes.

ÉCOLE NORMALE PRIMAIRE D'INSTITUTEURS

à Montauban (Tarn-et-Garonne).

Fig. 32.

PLAN GÉNÉRAL.

1. Entrée principale.
2. Entrée de l'école annexe.
3. Entrée de service.
4. Cour d'honneur.
5. Bâtiment principal.
6. Cour de récréation de l'école normale.
7. Cour de service.
8. Cour de récréation de l'école annexe.
9. Gymnase.
10. Préau couvert de l'école annexe.
11. Chapelle.
12. Privés.
13. Jardin.
14. Cours de dégagement.

ÉCOLE NORMALE PRIMAIRE A MONTAUBAN. 103

Fig. 32.
Plan général.

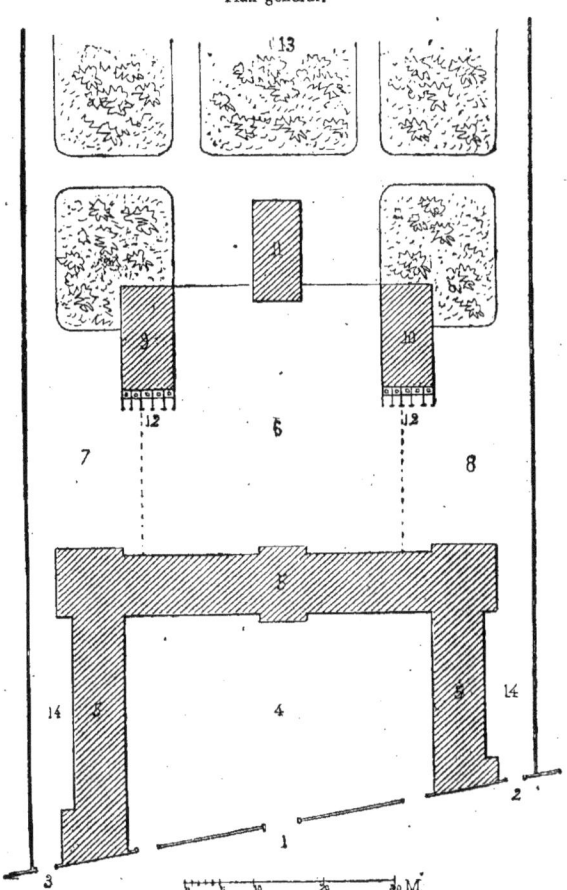

ÉCOLE NORMALE PRIMAIRE D'INSTITUTEURS
à *Montauban (Tarn-et-Garonne)*.

ÉCOLE NORMALE PRIMAIRE D'INSTITUTEURS

à Montauban (Tarn-et-Garonne).

Fig. 33.

PLAN DU REZ-DE-CHAUSSÉE.

1. Cour d'honneur.
2. Concierge.
3. Parloir.
4. Salle de la commission de surveillance.
5. Antichambre.
6. Cabinet du directeur.
7. Dépôt des archives.
8. Galerie.
9. Première classe, école annexe.
10. Deuxième classe   id.
11. Cabinet-dépôt.
12. Classes, école normale.
13. Étude.
14. Préau couvert.
15. Salle des maîtres.
16. Classe de physique et de chimie.
17. Cabinet des instruments   id.
18. Bains de pieds.
19. Réfectoire.
20. Salle de repassage du linge.
21. Cuisine.
22. Chambre de domestique.
23. Magasin.
24. Passage.

ÉCOLE NORMALE PRIMAIRE A MONTAUBAN.

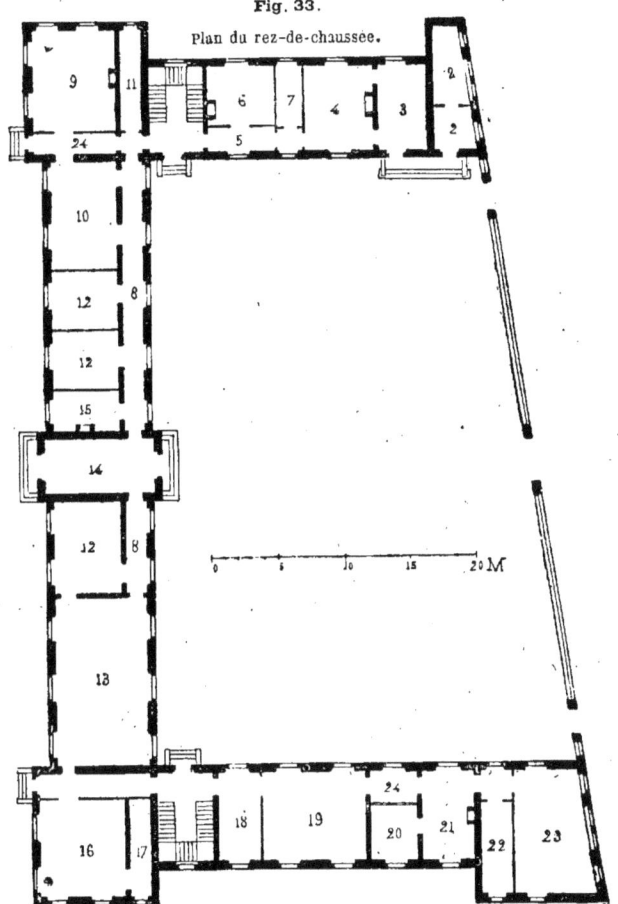

Fig. 33.
Plan du rez-de-chaussée.

ÉCOLE NORMALE PRIMAIRE D'INSTITUTEURS
à Montauban (Tarn-et-Garonne).

ÉCOLE NORMALE PRIMAIRE D'INSTITUTEURS

à Montauban (Tarn-et-Garonne).

Fig. 34.

PLAN DU PREMIER ÉTAGE.

1. Dortoirs.
2. Lavabos.
3. Surveillant.
4. Vestiaire.
5. Privés.
6. Escalier des combles.
7. Lingerie.
8. Chambre de domestique.
9. Cuisine. Logement du directeur.
10. Antichambre.
11. Corridor.
12. Salle à manger.
13. Chambres à coucher.
14. Classe de musique.
15. Chambres de maîtres.
16. Infirmerie.
17. Malade isolé.
18. Pharmacie.
19. Infirmier.
20. Dégagement.

Fig. 34.

Plan du premier étage.

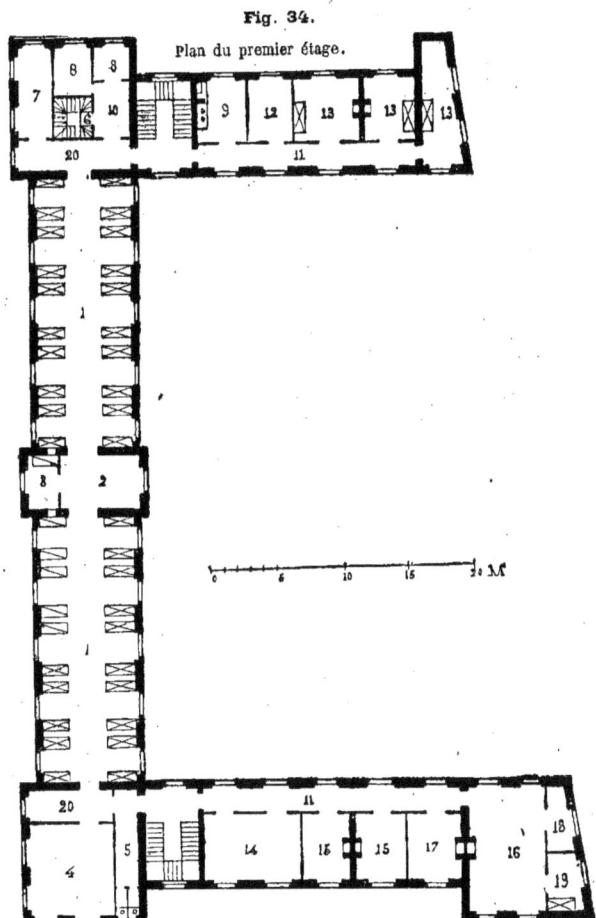

ÉCOLE NORMALE PRIMAIRE D'INSTITUTEURS
à *Montauban (Tarn-et-Garonne)*.

la chapelle, le préau couvert de l'école annexe et des privés ; au delà s'étend un vaste jardin *(fig. 32)*.

Le concierge occupe le pavillon de droite, son logement se compose de deux pièces. Le parloir se trouve entre la loge et la salle de la commission administrative. Le cabinet du directeur comprend, outre le cabinet proprement dit, une pièce pour les archives. Ce cabinet, placé dans une des ailes, n'a de jour que sur le passage de l'école annexe, disposition qui rend la surveillance difficile. Une galerie facilite au rez-de-chaussée l'accès des différentes salles. Le préau couvert occupe le pavillon central, il a des dimensions insuffisantes.

Les classes au nombre de trois correspondent aux divisions des élèves. Ces classes sont de petites dimensions, mais insuffisamment éclairées et aérées. La salle d'étude, qui réunit tous les élèves, est éclairée sur deux faces opposées. Entre les classes est réservée une petite salle de travail pour les maîtres.

L'amphithéâtre de physique et de chimie est accompagné d'un petit cabinet pour le dépôt des instruments. La salle de musique est reportée au premier étage. Il n'existe ni salle de dessin, ni laboratoire de chimie, ni salle de collections, ni bibliothèque, ni salle de conférence, ni atelier d'ouvrages manuels.

Le réfectoire et la cuisine sont accompagnés des dépendances nécessaires : magasin, laverie, office. On n'a prévu qu'une petite salle pour les bains de pieds et aucune pour les grands bains *(fig. 33)*.

Les dortoirs occupent au premier étage tout le bâtiment du fond ; ils se divisent en deux parties, mais ne font en réalité qu'une seule salle séparée seulement par la chambre du surveillant et les lavabos. Les lits sont groupés deux à

Fig. 35. — Vue extérieure.

ÉCOLE NORMALE PRIMAIRE D'INSTITUTEURS
à *Montauban (Tarn-et-Garonne)*.

deux; mais il serait facile de les séparer plus complètement. A une des extrémités du dortoir sont le vestiaire et les privés, à l'autre la lingerie. Ces deux services, qui ont tant de rapports communs, sont trop éloignés l'un de l'autre. L'infirmerie est placée dans le bâtiment en façade sur une voie publique très calme et moins bruyante que ne le serait la cour de récréation; elle se compose d'une salle commune, d'une salle pour malade isolé, d'une petite pharmacie et d'un cabinet pour l'infirmier *(fig. 34)*.

Le logement du directeur, placé au premier étage de l'aile gauche, se compose d'un long couloir de dégagement, d'une salle à manger et de trois chambres à coucher. L'aumônier n'est pas logé à l'école. Les maîtres n'occupent chacun qu'une seule pièce avec cheminée. Les domestiques sont répartis un peu partout au rez-de-chaussée, au premier étage et dans les combles.

L'école annexe comprend deux classes : l'une oblongue, bien disposée, éclairée par le jour unilatéral, et l'autre éclairée sur deux faces. Le préau couvert occupe un bâtiment à part, élevé dans la cour de récréation. L'école annexe n'a ni vestiaire, ni aucune pièce accessoire.

Le mobilier est d'un ancien modèle, et aucune disposition spéciale n'assure le chauffage et la ventilation.

La *figure 35* montre que le parti adopté pour les façades donne à l'édifice le caractère qui lui convient.

L'école de Montauban est mieux installée que beaucoup de celles que nous avons déjà vues. Les services sont bien groupés, suivant leur nature et les besoins qu'ils doivent satisfaire; mais beaucoup de services importants ont été omis ou sont disposés d'une façon incomplète.

X

ÉCOLE NORMALE PRIMAIRE D'INSTITUTEURS
de Versailles (Seine-et-Oise).

L'école normale primaire d'instituteurs de Versailles (1) est départementale; elle est plus importante que toutes celles qui précèdent, occupe une surface totale de 8 ares environ et doit contenir 100 élèves. Sa construction n'est pas encore achevée et donnera lieu à une dépense évaluée à 500,000 francs, soit pour chaque élève en moyenne 5,500 francs. Ce chiffre n'est pas très élevé par rapport aux prix des matériaux et de la main-d'œuvre dans les environs de Paris, et pour ne pas le dépasser l'administration a dû supprimer certains services dont l'absence sera signalée un peu plus loin.

L'école comprend à l'entrée une première cour entourée par les bâtiments et fermée par une grille sur la rue. A gauche est le jardin du directeur; à droite, un passage de service et l'école annexe; puis, en arrière des bâtiments, une très vaste cour de récréation. La chapelle et le gymnase ont été supprimés, ce dernier sera ultérieurement établi dans le préau (fig. 36).

Le logement du concierge se compose d'une loge au rez-de-chaussée et d'une pièce au-dessus. Le parloir et le cabinet du directeur sont placés près de l'entrée. Ce dernier n'occupe pas une situation favorable pour la surveillance. Des galeries et des dégagements spacieux et bien disposés facilitent la circulation et les mouvements des élèves et desservent les principaux services.

---

(1) M. Albert Petit, architecte.

Les classes sont au nombre de deux seulement, la salle d'étude sert donc forcément de classe pour une division. Ces salles ont du reste des proportions et des dimensions convenables. Une seule est éclairée par le jour unilatéral. La première de ces classes sert aux leçons de chimie; elle est accompagnée de deux cabinets utilisés comme dépôt et laboratoire; la seconde qui sert aux leçons de physique est précédée d'un cabinet contenant les appareils et instruments *(fig. 37)*.

La salle de dessin se trouve au rez-de-chaussée près de la salle d'étude. La bibliothèque est au 1er étage près de la salle des maîtres; disposition qui facilite leur travail et ne saurait être trop recommandée.

Il n'existe ni amphithéâtre de physique et de chimie, ni salle de musique, ni salle de conférences, ni atelier d'ouvrages manuels.

La cuisine est en sous-sol *(fig. 38)*; elle se compose d'une office, d'une dépense et d'une laverie. Elle communique par un dépôt au réfectoire, de près de 160 mètres de surface. La cave et le bûcher de l'école sont complétement distincts et séparés de ceux du directeur.

Les dortoirs sont reportés au 1er et au 2e étage *(fig. 39 et 40)*. La surface qu'ils exigeaient était du reste trop considérable pour pouvoir être obtenue à un seul étage. Chaque dortoir compte 45 lits convenablement espacés. La galerie du rez-de-chaussée se répète au 1er étage où elle sert de vestiaire. A chaque extrémité de ces dortoirs sont ménagées des chambres de surveillants.

L'infirmerie, placée au 2e étage dans de bonnes conditions d'isolement et de tranquillité, comprend une infirmerie commune, une pièce pour malade isolé; une chambre pour l'infirmier et des privés.

ÉCOLE NORMALE PRIMAIRE D'INSTITUTEURS

à Versailles (Seine-et-Oise).

Fig. 36.

PLAN GÉNÉRAL.

1. Boulevard Saint-Symphorien.
2. Entrée de l'école normale.
3. Entrée de l'école annexe.
4. Entrée de service.
5. Passage.
6. Cour d'honneur.
7. Bâtiment principal.
8. Cour de récréation de l'école normale.
9. Privés.
10. Préau couvert.
11. Jardin du Directeur.
12. Ecole annexe.
13. Privés.
14. Cour de récréation de l'école annexe.
15. Jardin.

Fig. 36. — Plan général.

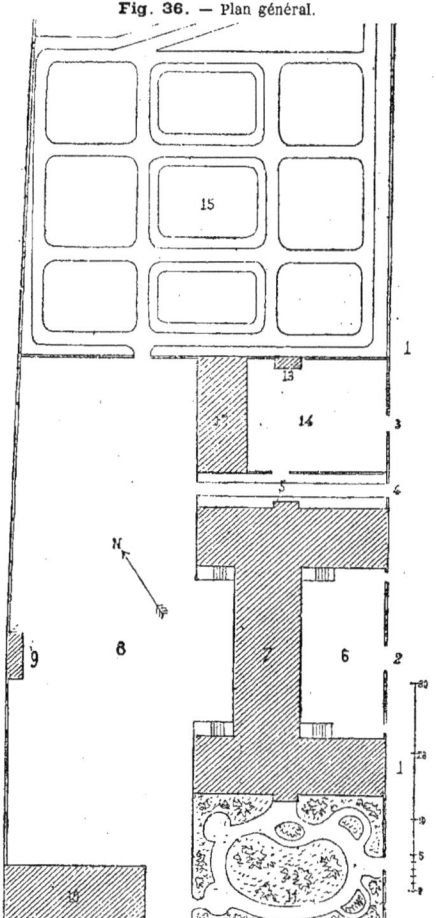

ÉCOLE NORMALE PRIMAIRE D'INSTITUTEURS
à *Versailles (Seine-et-Oise)*.

Fig. 37.

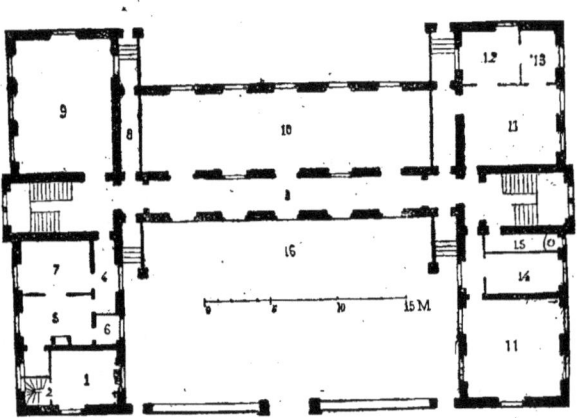

PLAN DU REZ-DE-CHAUSSÉE.

1. Loge du concierge.
2. Escalier du logement id.
3. Galerie.
4. Antichambre.
5. Cabinet du Directeur.
6. Archives.
7. Parloir.
8. Dégagements.
9. Salle de dessin.
10. Étude.
11. Classes.
12. Laboratoire de chimie.
13. Dépôt des appareils.
14. Cabinet de physique.
15. Privés.
16. Cour d'entrée.

ÉCOLE NORMALE PRIMAIRE D'INSTITUTEURS
à *Versailles (Seine-et-Oise)*.

Fig. 38.

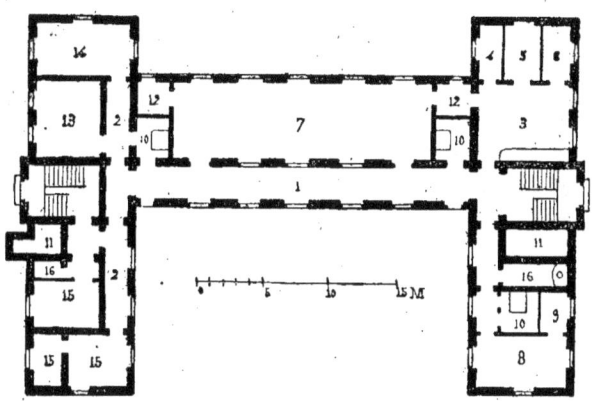

PLAN DU SOUS-SOL.

1. Galerie.
2. Dégagements.
3. Cuisine.
4. Office.
5. Dépense.
6. Laverie.
7. Réfectoire.
8. Bains de pied.
9. Cabinet de bains.
10. Calorifères.
11. Fosses.
12. Dépôts.
13. Cave de l'école.
14. Bûcher id.
15. Caves du Directeur.
16. Privés.

ÉCOLE NORMALE PRIMAIRE D'INSTITUTEURS

à *Versailles—Seine-et-Oise).*

118 DES ÉCOLES NORMALES PRIMAIRES.

Fig. 39.

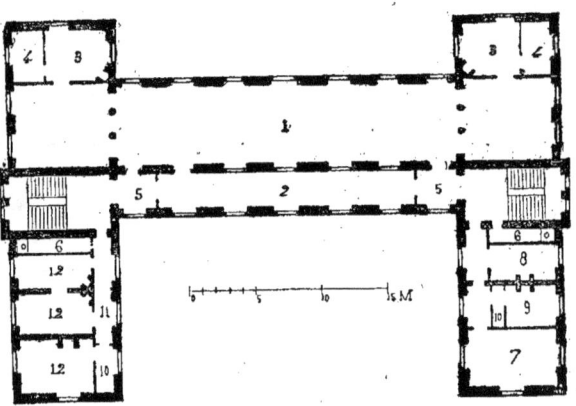

PLAN DU DEUXIÈME ÉTAGE.

1. Dortoir pour 45 lits.
2. Vestiaire, — lavabos.
3. Chambres de maîtres.
4. Cabinets.
5. Dégagements.
6. Privés.
7. Infirmerie commune.
8. Malade isolé.
9. Infirmier.
10. Dépôt.
11. Antichambre, — logement du Directeur.
12. Chambres à coucher, — logement du Directeur.

ÉCOLE NORMALE PRIMAIRE D'INSTITUTEURS

à *Versailles (Seine-et-Oise)*.

Fig. 40.

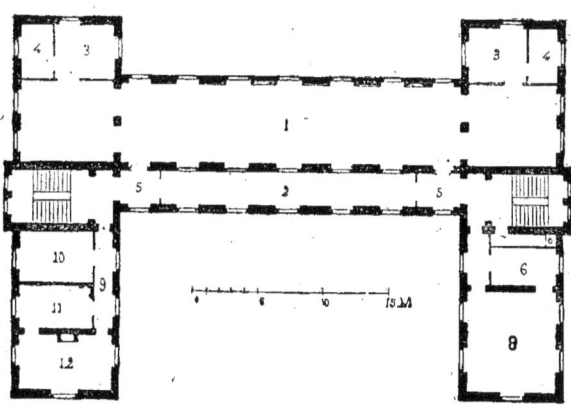

[PLAN DU PREMIER ÉTAGE.

1. Dortoir, 45 lits.
2. Vestiaire, — lavabos.
3. Chambres de maîtres.
4. Cabinets.
5. Dégagements.
6. Salle de réunion des maîtres.
7. Privés.
8. Bibliothèque.
9. Antichambre, — logement du Directeur.
10. Cuisine, — logement du Directeur.
11. Salle à manger, id.
12. Salon, id.

ÉCOLE NORMALE PRIMAIRE D'INSTITUTEURS

à *Versailles (Seine-et-Oise)*.

120 DES ÉCOLES NORMALES PRIMAIRES.

Fig 41.

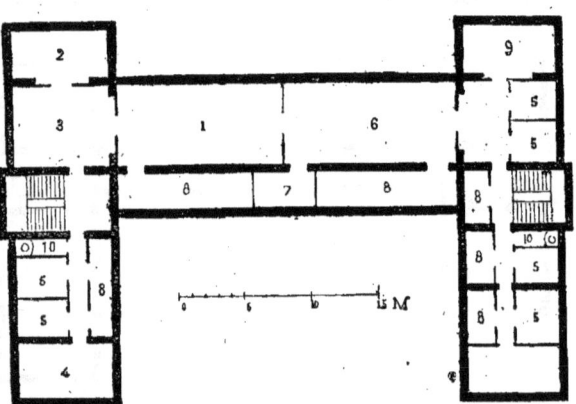

PLAN DES COMBLES.

1. Lingerie.
2. Dépôt de linge sale.
3. Atelier de couture.
4. Chambre de la lingère.
5. Chambres de domestiques.
6. Dépôt des malles.
7. Chambre de l'horloge.
8. Dépôts.
9. Magasins.
10. Privés.

ÉCOLE NORMALE PRIMAIRE D'INSTITUTEURS
à *Versailles (Seine-et-Oise).*

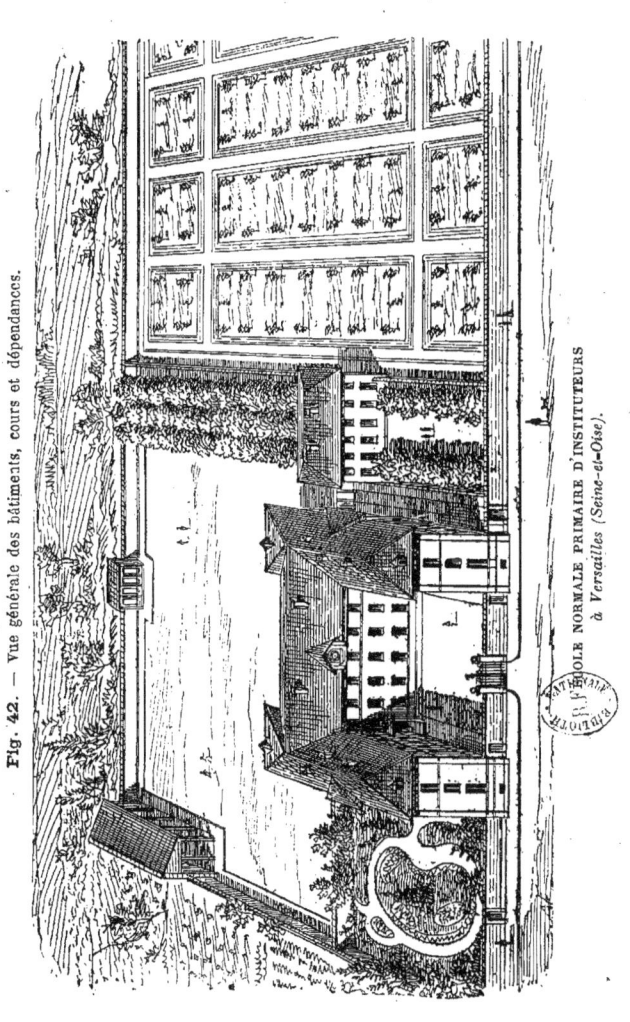

Fig. 42. — Vue générale des bâtiments, cours et dépendances.

ÉCOLE NORMALE PRIMAIRE D'INSTITUTEURS
à *Versailles* (Seine-et-Oise).

La lingerie *(fig. 41)* occupe la plus grande partie des combles et se divise en dépôt de linge sale, dépôt de linge propre, atelier de couture et chambre pour la lingère.

Le logement du directeur se compose au 1er étage d'une cuisine, d'un salon et d'une salle à manger; au 2e étage, de trois chambres à coucher avec privés et cabinets. Les chambres des maîtres sont près des dortoirs, dont elles forment une dépendance mais n'ont d'accès que par ces dortoirs mêmes. Ce sont des pièces à feu de dimensions convenables. Aucune pièce n'est mise à la disposition de l'aumônier; les domestiques sont logés dans les combles.

L'école annexe est établie dans une construction à part; elle comprend deux classes précédées d'un vestiaire, et au-dessus, une cuisine, une salle à manger et une chambre avec cabinet formant le logement du directeur.

Le mobilier n'est pas encore placé. Trois calorifères établis dans le sous-sol chauffent les différentes salles de l'école.

Les façades *(fig. 42)* sont très-simples, construites exclusivement avec les matériaux du pays, et font bien comprendre le but et le caractère de l'édifice.

En résumé, l'école normale de Versailles constitue un incontestable progrès sur les écoles construites jusqu'à ce jour; mais le programme imposé à l'architecte l'a obligé à se renfermer dans des limites trop restreintes.

XI

ÉCOLE NORMALE PRIMAIRE D'INSTITUTRICES (1)
à Melun (Seine-et-Marne).

L'école normale primaire d'institutrices de Melun est départementale, elle est destinée à recevoir 42 élèves et occupe une surface totale de 5,000 mètres.

Elle se compose d'une cour d'entrée précédant le bâtiment principal, de bâtiments annexes à droite et à gauche, d'une cour de récréation avec les gymnases en arrière et d'un jardin au fond *(fig. 43)*.

La dépense à laquelle se sont élevées les constructions est de 160,000 francs, soit 3,800 francs par élève.

Les bâtiments comprennent deux pavillons à l'entrée élevés d'un rez-de-chaussée et d'un étage, un bâtiment principal élevé sur caves d'un rez-de-chaussée et de deux étages carrés, puis de bâtiments secondaires élevés seulement d'un rez-de-chaussée (2).

Les cours de récréation distinctes pour l'école normale et pour l'école annexe ont ensemble une surface d'environ 1,200 mètres; elles sont chacune munies de privés et d'une salle de gymnastique.

Il n'existe pas de chapelle.

Le concierge occupe à gauche de l'entrée un pavillon isolé. Le parloir est au rez-de-chaussée, il est très vaste et précède le cabinet du Directeur. La salle destinée aux réunions de la Commission administrative fait défaut.

---

(1) M. Bulot, architecte.

(2) La monographie de cette école telle que l'architecte aurait voulu pouvoir l'exécuter a été publiée dans l'*Architecture scolaire*. Nous donnons aujourd'hui le projet imposé par les exigences administratives.

ÉCOLE NORMALE PRIMAIRE A MELUN.   125

Fig. 43.

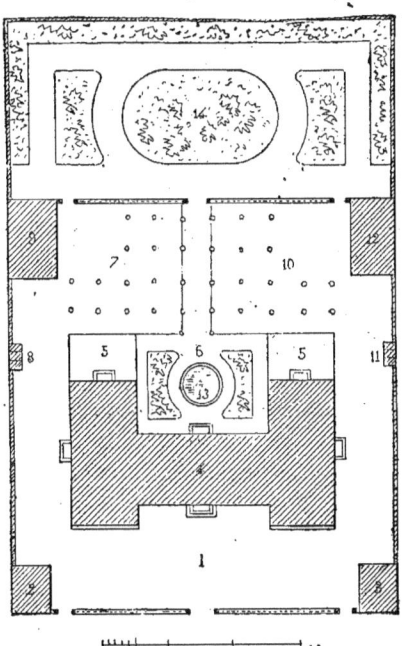

PLAN GÉNÉRAL.

1. Cour d'honneur.
2. Concierge.
3. Salle de bains.
4. Bâtiment principal.
5. Emplacement pour constructions ultérieures.
6. Cour de service.
7. Cour de l'école annexe.
8. Privés de l'école annexe.
9. Gymnase de l'école annexe.
10. Cour de l'école normale.
11. Privés de l'école normale.
12. Gymnase de l'école normale.
13. Réservoir.
14. Jardin de l'école normale.

ÉCOLE NORMALE PRIMAIRE D'INSTITUTRICES
à Melun (Seine-et-Marne).

L'économie imposée par le programme a été la cause de la suppression de plusieurs services importants nécessaires cependant au bon fonctionnement de l'enseignement. Ainsi on ne trouve que deux classes et une seule salle d'étude ; on n'a prévu ni amphithéâtre pour des leçons générales, ni bibliothèque, ni salle de collection, ni salle de dessin, ni salle de musique, ni salle de conférences ou d'assemblée, ni salle de maîtres, ni atelier d'ouvrages manuels etc. ; le cabinet de physique et le laboratoire de chimie sont remplacés par deux armoires ayant $1^m,00$ de profondeur sur 4 m. 50 c. de longueur *(fig. 44)*.

Une grande galerie très commode pour la distribution des différentes salles traverse le bâtiment dans toute sa longueur et aboutit aux deux escaliers, l'un destiné aux dortoirs, l'autre aux logements de la directrice et des sous-maîtresses.

La cuisine est au rez-de-chaussée dans l'aile gauche, elle est accompagnée d'une laverie et communique avec le réfectoire. Le service des bains occupe un pavillon isolé situé en face de celui du concierge.

Les dortoirs constituent la partie la plus intéressante et la mieux aménagée de l'école. Ils sont placés au premier et au deuxième étage *(fig. 45-46)* et divisés en une série de boxes-cellules au moyen de cloisons en bois montant à mi-hauteur d'étage. Chaque cellule est occupée par un lit et les élèves sont ainsi isolés et indépendants les uns des autres. C'est là une amélioration notable à l'installation des dortoirs ordinaires, mais il y a, croyons-nous, mieux encore à faire et il faut arriver à donner aux grands élèves une cabine assez vaste pour qu'elle puisse contenir son lit, sa toilette, un meuble pour ses vêtements et une table de travail.

Les lavabos sont placés le long du dortoir au-dessus de

Fig. 44.

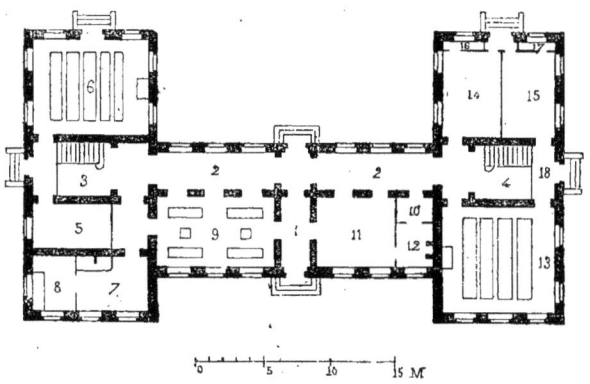

PLAN DU REZ-DE-CHAUSSÉE.

1. Vestibule
2. Galeries.
3. Escalier du logement de la Directrice.
4. Escalier des dortoirs.
5. Vestiaire de l'école annexe.
6. Classe de l'école annexe.
7. Cuisine.
8. Laverie.
9. Réfectoire.
10. Antichambre.
11. Parloir.
12. Cabinet de la Directrice.
13. Étude et première classe.
14. Deuxième classe.
15. Troisième classe.
16. Appareils de chimie.
17. Instruments de physique.
18. Dégagements.

ÉCOLE NORMALE PRIMAIRE D'INSTITUTRICES
à *Melun (Seine-et-Marne).*

Fig. 45.

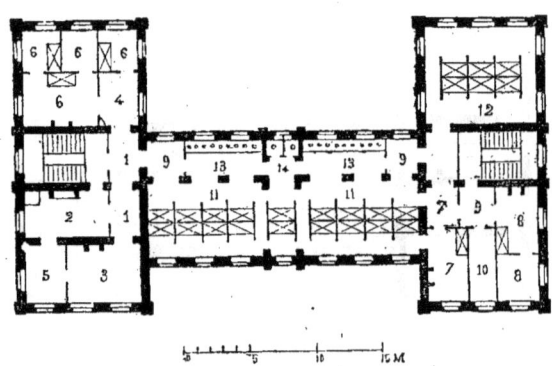

PLAN DU PREMIER ÉTAGE.

1. Antichambre, logement de la Directrice.
2. Cuisine.
3. Salon.
4. Salle à manger.
5. Cabinet de travail.
6. Chambres à coucher.
7. Maîtresse-surveillante.
8. Sous-maîtresse.
9. Dégagements.
10. Dépôts.
11. Dortoir à 18 lits.
12. Dortoir à 6 lits.
13. Lavabos.
14. Privés.

ÉCOLE NORMALE PRIMAIRE D'INSTITUTRICES
à *Melun (Seine-et-Marne)*.

Fig. 46.

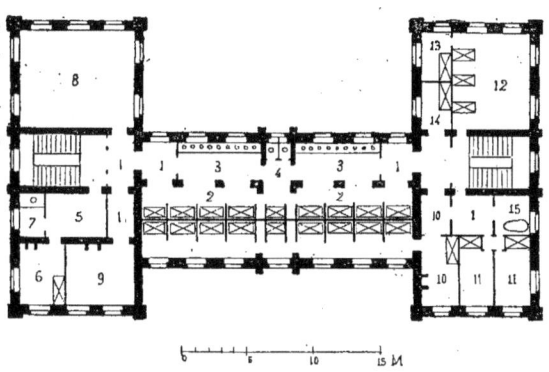

PLAN DU DEUXIÈME ÉTAGE.

1. Dégagements.
2. Dortoir (18 lits).
3. Lavabos.
4. Privés.
5. Grenier du logement de la Directrice.
6. Chambre de domestique de la Directrice.
7. Privés du logement de la Directrice.
8. Vestiaire et Lingerie.
9. Couture et Repassage.
10. Maîtresse-surveillante.
11. Chambres de domestiques.
12. Infirmerie.
13. Infirmière.
14. Malade isolé.
15. Salle de bains.

ÉCOLE NORMALE PRIMAIRE D'INSTITUTRICES

à *Melun (Seine-et-Marne)*.

la galerie du rez-de-chaussée. Au centre des dortoirs ont été ménagés des privés, et à chaque extrémité se trouve une chambre de surveillant.

Cette installation des dortoirs est on le voit très étudiée et sa réalisation a offert de véritables difficultés par suite du chiffre de dépense que l'architecte ne pouvait dépasser.

Le vestiaire occupe une grande pièce du 2e étage. — L'infirmerie placée à l'extrémité d'une des ailes du premier étage comprend une salle commune pour trois lits; cette salle est éclairée par quatre fenêtres et offre d'excellentes conditions d'aérage, d'isolement et de salubrité, elle est accompagnée d'une pièce pour un malade isolé, d'une autre pour l'infirmière et d'une salle de bain.

Le service de la lingerie se compose d'une salle servant à la fois de vestiaire et de dépôt de linge et d'une salle pour le repassage et le raccommodage.

Le logement de la directrice au premier étage est formé de huit pièces : cuisine, salon, salle à manger, cabinet de travail, trois chambres de maîtres avec antichambre, privés et chambre de domestiques.

Les sous-maîtresses occupent chacune une chambre et un cabinet bien placés pour la surveillance.

Les chambres des domestiques sont semblables à celles des sous-maîtresses.

L'aile gauche du bâtiment principal contient au rez-de-chaussée l'école annexe composée d'une seule classe pour 50 élèves et d'un vestiaire.

Les classes de l'école normale sont éclairées à la gauche des élèves, la salle d'étude de l'école normale et la salle de l'école annexe sont éclairées à gauche et en arrière. Le mobilier n'est pas encore installé. Aucune disposition spéciale n'a été prise au sujet du chauffage et de la ventilation.

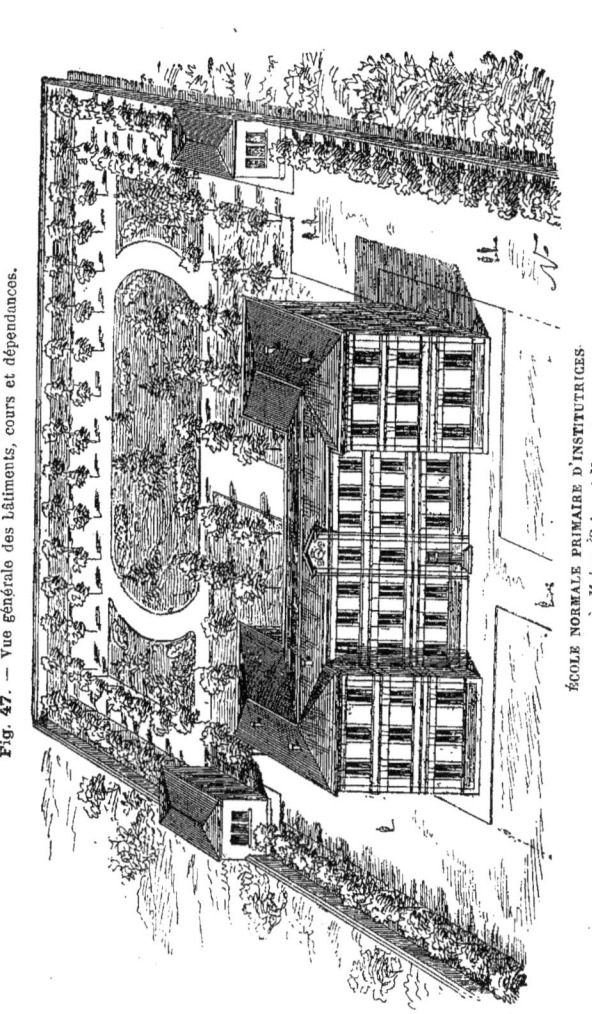

Fig. 47. — Vue générale des bâtiments, cours et dépendances.

ÉCOLE NORMALE PRIMAIRE D'INSTITUTRICES
à *Melun (Seine-et-Marne)*.

Les façades ont d'heureuses proportions *(fig. 47)*. La construction est exécutée avec des matériaux du pays, pierre et briques, dont les tons se marient heureusement.

L'école normale d'institutrices de Melun bien que marquant un progrès réel sur celles qui précèdent, est encore une œuvre incomplète. L'initiative laissée à l'administration départementale a eu pour résultat de permettre la réalisation d'économies obtenues au dépens du succès de l'entreprise.

XII

ÉCOLE NORMALE PRIMAIRE D'INSTITUTEURS
à Paris (1).

L'école normale primaire d'instituteurs du département de la Seine est destinée à recevoir 120 élèves, elle est en voie de construction et occupe une surface totale de près de 1700 arcs.

La dépense à laquelle donnera lieu l'exécution des travaux est évaluée à 1,500,000 francs. Soit par élève, 12,500 francs, en moyenne, chiffre plus élevé que tous ceux des écoles précédentes.

L'école se compose *(fig. 48)* d'une série de bâtiments séparés par des cours et précédés d'un assez vaste jardin. Le terrain sur lequel elle s'élève est situé en bordure de trois voies publiques. L'entrée de l'école annexe a donc facilement pu être séparée de l'entrée de l'école normale et s'ouvrir sur une voie différente, tandis que la façade du bâtiment principal s'élevait sur la voie la plus importante.

---

(1) M. Salleron, architecte.

ÉCOLE NORMALE PRIMAIRE D'INSTITUTEURS

à *Paris (Seine)*.

Fig. 48

PLAN GÉNÉRAL.

1. Entrée de l'école normale.
2. Entrée de l'école annexe.
3. Cour d'honneur.
4. Cour de service.
5. Cour de gymnase.
6. Cour de récréation école annexe.
7. Cour de récréation école normale.
8. Jardin.
9. École annexe.
10. Bains.
11. Économat.
12. Parloir.
13. Cuisines.
14. Réfectoire.
15. Classes.
16. Études.
17. Directeur.
18. Gymnase.
19. Chapelle.
20. École communale.

ÉCOLE NORMALE PRIMAIRE A PARIS.

Fig. 48.

Plan général.

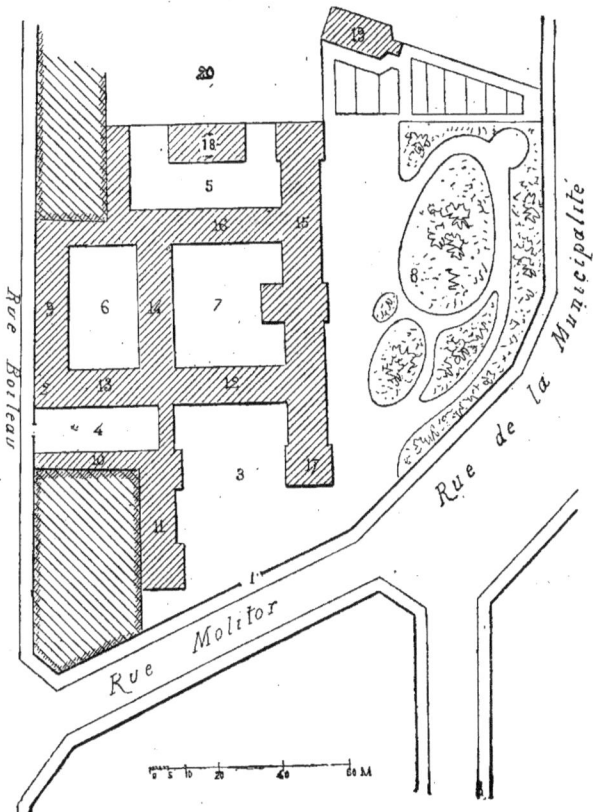

ÉCOLE NORMALE PRIMAIRE D'INSTITUTEURS
à Paris (Seine).

Les bâtiments atteignent diverses hauteurs, la majeure partie ne comprend qu'un rez-de-chaussée, mais le bâtiment de l'école annexe s'élève d'un rez-de-chaussée et d'un étage; le bâtiment de l'économat et celui des dortoirs comprend un rez-de-chaussée et deux étages.

La cour d'honneur est placée à l'entrée, elle communique avec les jardins au fond desquels a été conservé un vieux bâtiment qui sert de chapelle. Les cours de récréation des écoles sont parfaitement distinctes et séparées par tout un corps de bâtiment. Le gymnase occupe le milieu d'une cour consacrée aux exercices exigeant un vaste espace, et en avant des cuisines est réservée une cour de service.

Dans ces cours existent des privés pour les élèves, les maîtres et les serviteurs.

Le logement du concierge, installé de façon à surveiller la porte d'entrée, se compose d'une loge, d'une cuisine et de deux chambres à coucher. Le parloir et la salle de la commission occupent le rez-de-chaussée du bâtiment en façade sur la cour d'honneur. Le cabinet du directeur est un peu à l'écart mais celui du préfet des études est placé de façon à faciliter la surveillance de la cour de récréation et à permettre de communiquer directement avec les classes et les salles d'étude.

Le service de l'enseignement *(fig. 49)* comprend trois classes et trois études parfaitement disposées, un amphithéâtre de chimie avec son laboratoire, un amphithéâtre de physique avec un cabinet pour le dépôt des instruments, une bibliothèque, deux salles de dessin, l'une pour le dessin d'imitation, l'autre pour le dessin graphique, une salle de chant, avec des cabinets séparés pour les instruments de musique, enfin une salle d'armes et un atelier d'ouvrages manuels. Par malheur dans cet ensemble, il faut signaler l'absence de salles de collection, de salles de travail pour les maîtres et de salle de conférence ou d'assemblée.

Des galeries et des passages mettent en facile communication tous les services de l'école, ces galeries peuvent en outre avec le grand vestibule placé au pied de l'escalier d'honneur servir aux jeux ou à la promenade des élèves.

Le service des cuisines comprend la cuisine, l'office, la laverie, la paneterie, la dépense, la salle pour les serviteurs et le réfectoire pour les élèves.

Les bains occupent le rez-de-chaussée d'un bâtiment en face des cuisines et se donnent dans cinq cabines et dans une grande salle consacrés aux bains de pied.

Au lieu de coucher dans des dortoirs, chaque élève occupe une chambre (*fig. 50-51*) indépendante, de 1^m, 90 sur 3^m, 50 (*fig. 52*) éclairée par une fenêtre et ayant accès sur une longue galerie traversant tout le bâtiment. Cette installation constitue un progrès considérable, mais pour qu'elle soit complète et donne les résultats qu'on est en droit d'en attendre, il faudrait que les chambres d'élèves fussent un peu plus grandes et qu'on pût facilement y placer non seulement un lit, mais une table de toilette, un meuble pour le linge et les vêtements et une table de travail.

Ce complément d'installation ne paraît pas prévu à l'école normale de Paris, car on a placé à chaque étage au centre du bâtiment, des dortoirs, une salle contenant les lavabos et une pièce pour le dépôt des chaussures. Ces lavabos ainsi disposés obligent les élèves à sortir de leurs chambres pour remplir leurs devoirs de propreté, ce qui n'est ni convenable ni commode. Quant aux chaussures rassemblées dans un même local, près des dortoirs, elles constitueront promptement un foyer d'infection.

Une chambre de surveillant est ménagée à l'extrémité de

DES ÉCOLES NORMALES PRIMAIRES.

ÉCOLE NORMALE PRIMAIRE D'INSTITUTEURS

à Paris (Seine).

Fig. 49.

PLAN DU REZ-DE-CHAUSSÉE.

1. Cour d'honneur.
2. Cour de service.
3. Cour de récréation, E. N.
4. Cour de récréation, E. A.
5. Cour de la gymnastique.
6. Courettes.
7. Loge du concierge, E. N.
8. Cuisine.
9. Chambres à coucher.
10. Parloir.
11. Cabinet du Directeur.
12. Salle de la Commission administ.
13. Vestibule.
14. Grand escalier.
15. Escaliers secondaires.
16. Galeries.
17. Préfet des études.
18. Classes.
19. Amphithéâtre chimie.
20. Salles d'étude.
21. Salles de dessin d'imitation.
22. Salle de dessin graphique.
23. Laboratoire de chimie.
24. Vestiaire des maîtres.
25. Bibliothèque.
26. Dépôt des livres.
27. Matériel scolaire.
28. Réfectoire.
29. Office.

30. Paneterie.
31. Dépense.
32. Cuisine.
33. Laverie.
34. Salle des gens.
35. Dégagements.
36. Passage couvert.
37. Dépôt.
38. Cabinets de bains.
39. Bains de pieds.
40. Salle d'attente.
41. Économe.
42. Commis.
43. Vestiaire.
44. Atelier de raccommodage.
45. Lingerie.
46. Atelier d'ouvrages manuels.
47. Gymnase.
48. Salle d'armes.
49. Entrée de l'école annexe.
50. Logement du concierge, E. A.
51. Préau couvert — classes au-dessus
52. Salles de dessin.
53. Vestibule logement du Directeur. E. N.
54. Salon.
55. Salle à manger.
56. Cuisine.
57. Cabinet de travail.

ÉCOLE NORMALE PRIMAIRE A PARIS. 139
gIF. 49. — Plan du rez-de-chaussée.

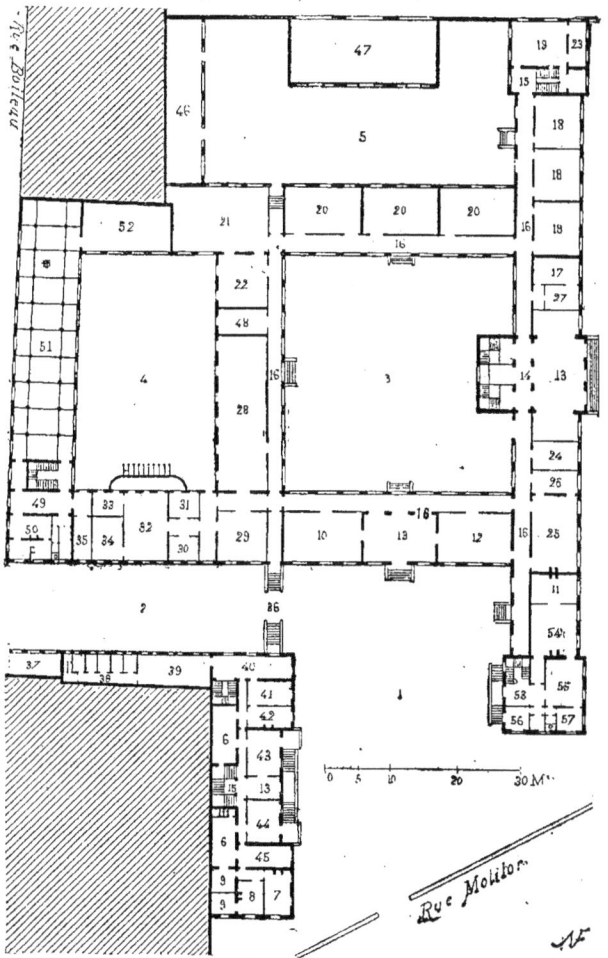

ÉCOLE NORMALE PRIMAIRE D'INSTITUTEURS
à Paris (Seine).

140   DES ÉCOLES NORMALES PRIMAIRES.

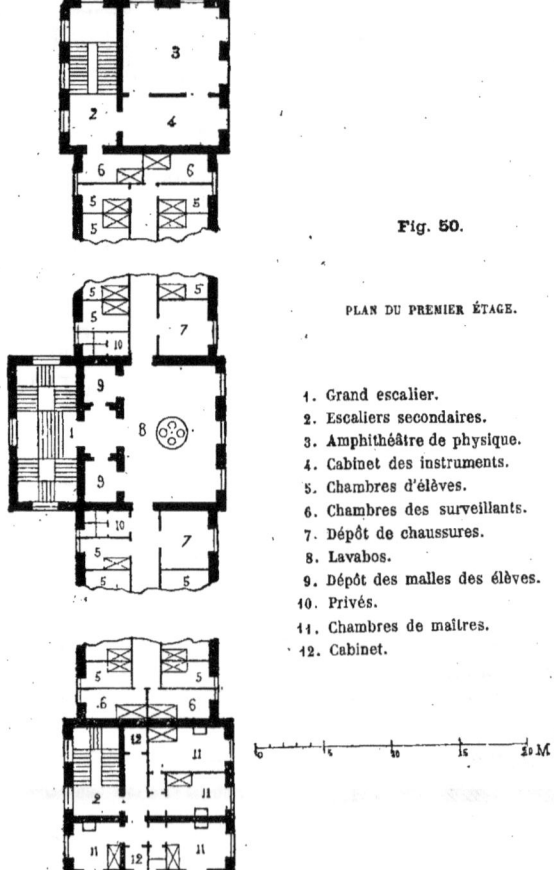

Fig. 50.

PLAN DU PREMIER ÉTAGE.

1. Grand escalier.
2. Escaliers secondaires.
3. Amphithéâtre de physique.
4. Cabinet des instruments.
5. Chambres d'élèves.
6. Chambres des surveillants.
7. Dépôt de chaussures.
8. Lavabos.
9. Dépôt des malles des élèves.
10. Privés.
11. Chambres de maîtres.
12. Cabinet.

ÉCOLE NORMALE PRIMAIRE D'INSTITUTEURS
à Paris (Seine).

ÉCOLE NORMALE PRIMAIRE A PARIS.

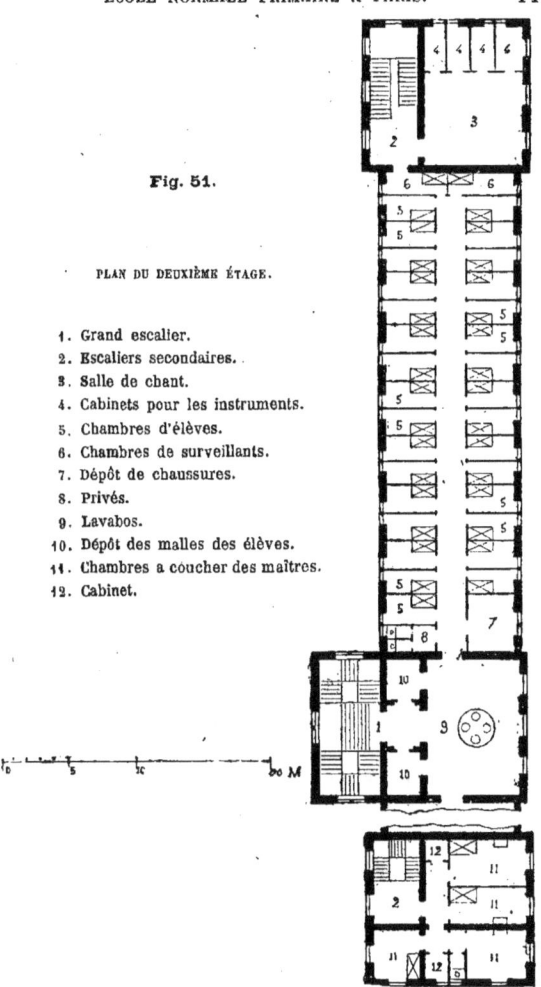

Fig. 51.

PLAN DU DEUXIÈME ÉTAGE.

1. Grand escalier.
2. Escaliers secondaires.
3. Salle de chant.
4. Cabinets pour les instruments.
5. Chambres d'élèves.
6. Chambres de surveillants.
7. Dépôt de chaussures.
8. Privés.
9. Lavabos.
10. Dépôt des malles des élèves.
11. Chambres a coucher des maîtres.
12. Cabinet.

ÉCOLE NORMALE PRIMAIRE D'INSTITUTEURS
à Paris (Seine).

chaque division, avec une sortie indépendante sur un escalier de service, ce qui pourra peut-être faciliter les absences clandestines de ces surveillants.

La lingerie, placée au rez-de-chaussée du bâtiment d'administration, se divise en une salle pour le dépôt du linge, propre un vestiaire et un atelier de raccommodage. Les autres pièces nécessaires sont reportées dans les combles.

Fig. 52. — Plan des chambres d'élèves.

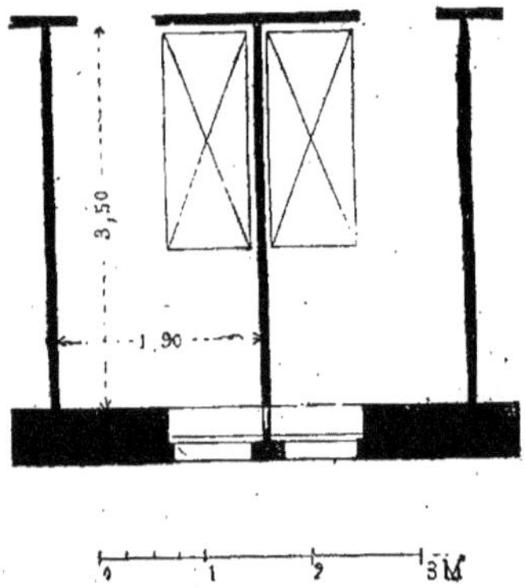

ÉCOLE NORMALE PRIMAIRE D'INSTITUTEURS
à Paris (Seine).

Au premier étage du même bâtiment se trouve l'infirmerie avec une salle commune, deux salles pour malades isolés et les autres services complémentaires.

Le logement du directeur comprend au rez-de-chaussée un salon, un cabinet de travail, une salle à manger, une office, une cuisine puis au premier étage; quatre chambres à coucher avec cabinets de toilette.

Les chambres de maîtres (au-dessus du logement du

directeur), ont des dimensions convenables et sont accompagnées d'un cabinet de toilette, mais elles sont desservies par l'escalier qui fait communiquer les pièces du logement du directeur sises au rez-de-chaussée avec celles sises au premier étage, et cette communauté établit entre les maîtres et les membres de la famille du directeur des points de contact qui dans la pratique présenteront de graves inconvénients.

L'école annexe, installée comme toutes les écoles de la ville de Paris, se compose, au rez-de-chaussée, d'un immense préau servant à la fois de vestibule, de vestiaire, de salle de toilette, de réfectoire, de salle de récréation, etc., et ne pouvant, la chose se comprend aisément, remplir d'une façon convenable une destination aussi multiple.

Une salle de dessin se trouve à la suite de ce préau, et l'étage au-dessus est divisé en six classes de bonnes dimensions et bien proportionnées.

L'ensemble des travaux n'est pas encore assez avancé pour permettre d'apprécier les dispositions prises dans le but d'assurer le chauffage et la ventilation, ainsi que l'établissement d'un mobilier convenable.

XIII

ÉCOLE NORMALE PRIMAIRE D'INSTITUTEURS

à Douai (Nord) (1).

L'école normale primaire d'instituteurs de Douai est départementale, elle contient 150 élèves et occupe une surface totale de 1,500 ares.

---

(1) M. Pepe, architecte.

Elle se compose de plusieurs corps de bâtiments séparés par des cours et des jardins. Une disposition très heureuse a permis de grouper ces bâtiments d'une façon facile et commode et de les distinguer suivant la nature des services qu'ils contiennent.

La construction de cette école est récente, elle a donné lieu à une dépense de 420,000 francs, y compris le mobilier ce qui fait pour chaque élève une moyenne de 2,800 francs, chiffre excessivement réduit et qui n'a pu être obtenu que par une connaissance approfondie et raisonnée des matériaux mis en œuvre par l'architecte.

Les bâtiments sont très différents de forme et de hauteur ; l'architecte n'a pas cherché la vaine satisfaction que lui eussent donné des dispositions symétriques. Un corps principal s'élève en façade avec deux ailes se prolongeant en retour, s'étendant à droite et à gauche et se terminant par des pavillons isolés ayant une destination spéciale.

Des cours spacieuses séparent les différents corps de bâtiment, la cour d'honneur se trouve à l'entrée. Les élèves de l'école normale ont deux cours de récréation, l'une pour les élèves de première année, l'autre pour ceux de seconde et de troisième. L'école annexe a également sa cour distincte. Le gymnase est précédé d'une cour d'exercices ; entre la chapelle et le bâtiment des cuisines est ménagée une cour de service. Outre le grand jardin consacré aux études des élèves, l'école contient deux autres jardins séparés et clos réservés à l'aumônier et au directeur.

Des galeries couvertes entourent les cours de récréation, elles assurent un accès facile et commode à tous les services et laissent en même temps les élèves jouer ou se promener à couvert lorsque le mauvais temps les oblige à chercher un abri.

Les privés placés dans les cours sont abrités sous des galeries couvertes qui en assurent l'accès.

Le gymnase se compose d'une salle fermée et chauffée et d'une cour spéciale dans laquelle les élèves peuvent s'exercer en plein air.

La chapelle est à elle seule un monument; elle a une surface qui paraît excessive, 225 mètres, non compris le sanctuaire et la sacristie.

Le concierge installé dans l'aile droite des bâtiments de façon a surveiller à la fois l'entrée de l'école normale et celle de l'école annexe, occupe un logement composé de deux pièces au rez-de-chaussée et de deux pièces au premier étage reliées ensemble au moyen d'un petit escalier particulier.

Le cabinet du directeur sert aux réunions de la commission administrative, il est vaste et disposé de façon à permettre au directeur de surveiller à la fois le service des cuisines, la cour de récréation des grands élèves, les réfectoires et les classes.

Les classes sont au nombre de trois, chacune est complétée par une salle d'étude, les élèves ne séjournent donc jamais longtemps dans le même local, ils en changent suivant qu'ils ont à entendre la leçon d'un de leurs professeurs ou bien à l'étudier et sont répartis dans une salle différente suivant la nature des cours qu'ils ont à suivre. Ces classes et ces études sont toutes indépendantes les unes des autres et éclairées à la gauche des élèves, car les jours de droite sont percés sous une galerie couverte et peuvent être aveuglés.

Outre les classes et les études d'autres salles sont consacrées à l'enseignement. Ce sont un laboratoire de chimie placé au rez-de-chaussée, un amphithéâtre de physique et une grande salle de conférences au premier étage et une salle de collections au deuxième.

ÉCOLE NORMALE PRIMAIRE D'INSTITUTEURS

à Douai (Nord).

Fig. 53.

PLAN GÉNÉRAL.

1. Avenue de l'école.
2. Cour d'honneur.
3. Jardin du Directeur.
4. Jardin de l'aumônier.
5. Jardin de l'école.
6. Cour des cuisines.
7. Cour du gymnase.
8. Préaux de l'école normale.
9. Préau de l'école annexe.
10. Logement de l'aumônier.
11. Logement du Directeur.
12. Administration.
13. Chapelle.
14. Gymnase.
15. Réfectoire.
16. Concierge — parloir.
17. Classes de l'école normale.
18. Classes de l'école annexe.
19. Hangar.
20. Cuisine.
21. Privés.

ÉCOLE NORMALE PRIMAIRE A DOUAI.

Fig. 53 — Plan général.

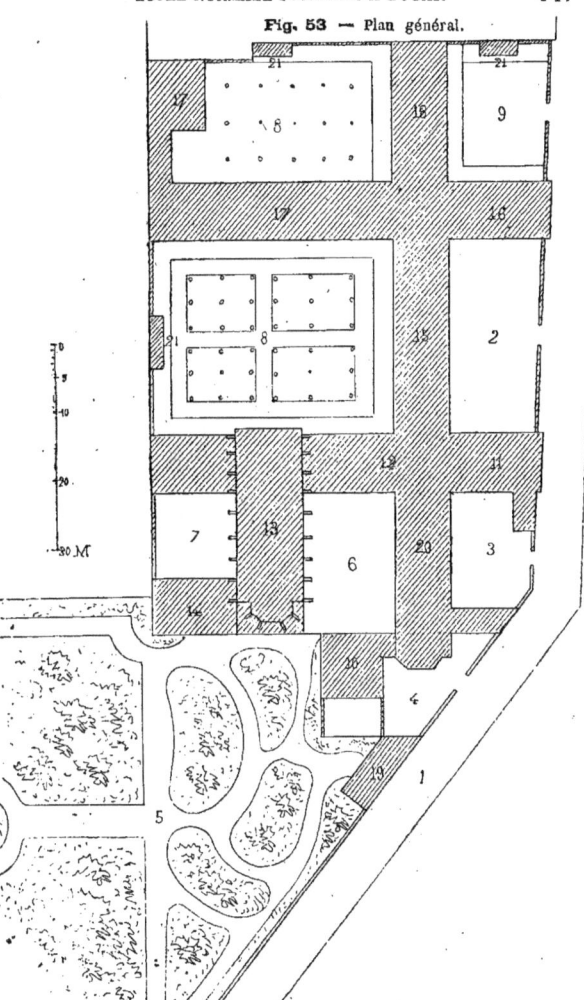

ÉCOLE NORMALE PRIMAIRE D'INSTITUTEURS
à Douai (Nord).

ÉCOLE NORMALE PRIMAIRE D'INSTITUTEURS

à Douai (Nord).

Fig. 54.

PLAN DU REZ-DE-CHAUSSÉE.

1. Cour d'honneur.
2. Cour de l'école normale, élèves de deuxième et troisième année.
3. Cour de l'école normale, élèves de première année.
4. Cour de l'école annexe.
5. Cour du gymnase.
6. Cour des cuisines.
7. Cour de service.
8. Jardin du Directeur.
9. Jardin de l'aumônier.
10. Jardin de l'école.
11. Concierge.
12. Parloir.
13. Cabinet du Directeur (salle de la Commission administrative).
14. Économe.
15. Galeries couvertes.
16. Entrée des voitures de service.
17. Passages.
18. Grand escalier.
19. Escalier de la classe de physique.
20. Escal. du Direct. de l'éc. normale.
21. Escalier de l'aumônier.
22. Esc. du Direct. de l'école annexe.
23. Escalier de service.
24. Escalier du concierge.
25. Classes, élèves première année.
26. Étude, élèves première année.
27. Classes, élèves deuxième année.
28. Étude, élèves deuxième année.
29. Classe, élèves troisième année.
30. Étude, élèves troisième année.
31. Laboratoire de chimie.
32. Gymnase.
33. Chapelle.
34. Sacristie.
35. Cuisine.
36. Laverie.
37. Magasin.
38. Réfectoires.
39. Grande classe de l'école annexe.
40. Classes de l'école annexe.
41. Vestibule, logement du Directeur.
42. Antichambre.
43. Salon.
44. Salle à manger.
45. Office.
46. Cuisine.
47. Laverie.
48. Vestibule, logement de l'aumônier
49. Salon.
50. Cabinet de travail.
51. Salle à manger.
52. Dépôt.
53. Cuisine.
54. Bûcher.
55. Privés des élèves.
56. Privés des logements.
57. Privés des domestiques.

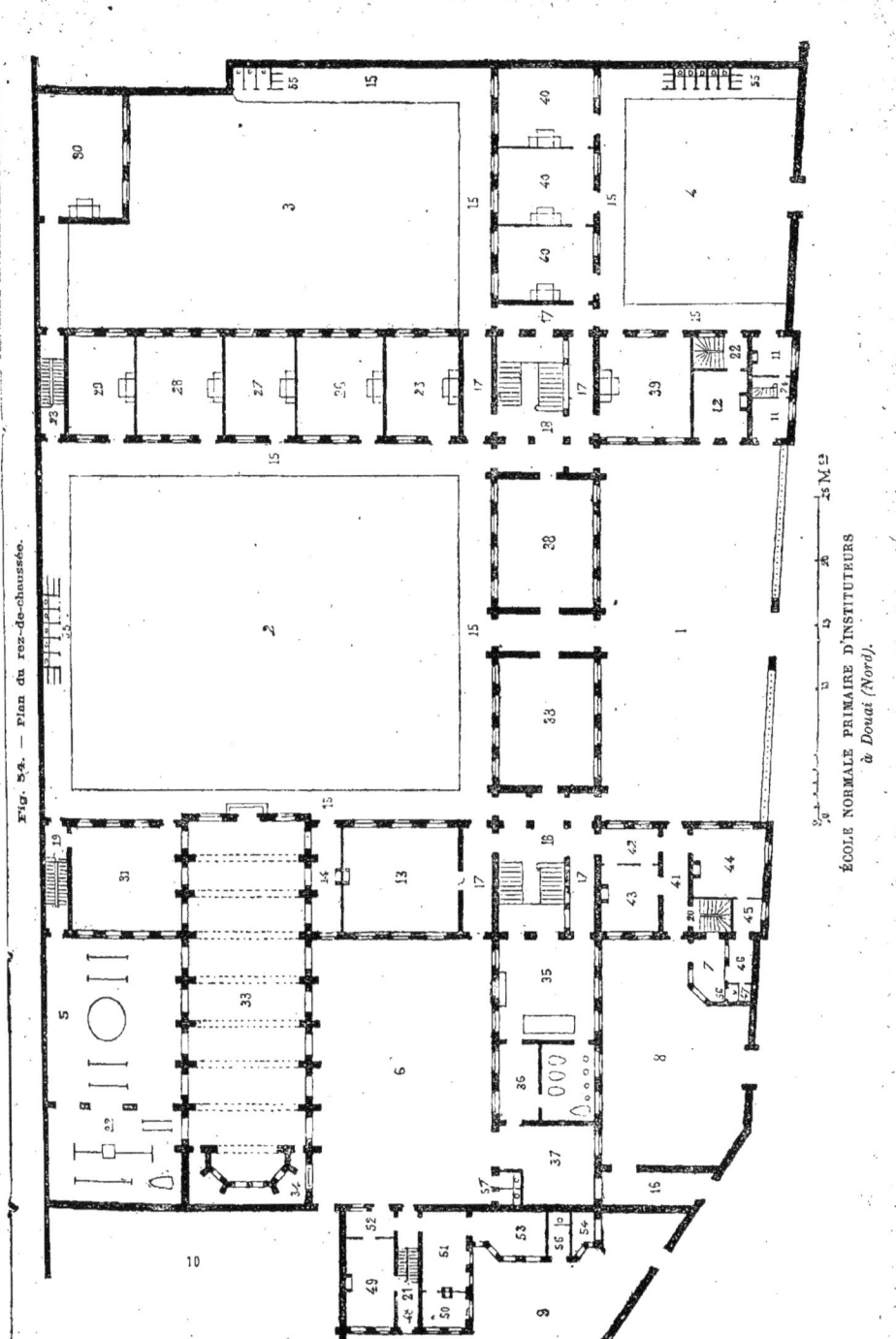

Fig. 54. — Plan du rez-de-chaussée.

ÉCOLE NORMALE PRIMAIRE D'INSTITUTEURS
à Douai (Nord).

ÉCOLE NORMALE PRIMAIRE D'INSTITUTEURS

à Douai (Nord).

Fig. 55

PLAN DU PREMIER ÉTAGE.

1. Chapelle.
2. Logement de l'aumônier.
3. Logement du directeur de l'école normale.
4. Logement du directeur de l'école annexe.
5. Escaliers principaux.
6. Escaliers secondaires.
7. Dortoirs.
8. Lavabos.
9. Vestiaire.
10. Chambres de maîtres.
11. Chambres de domestiques.
12. Lingerie.
13. Infirmerie.
14. Infirmier.
15. Malade isolé.
16. Privés.
17. Salle de travail des maîtres.
18. Salle de conférences.
19. Amphithéâtre de physique.
20. Salle de dessin.
21. Salle de dessin d'après la bosse.
22. Logement du concierge.

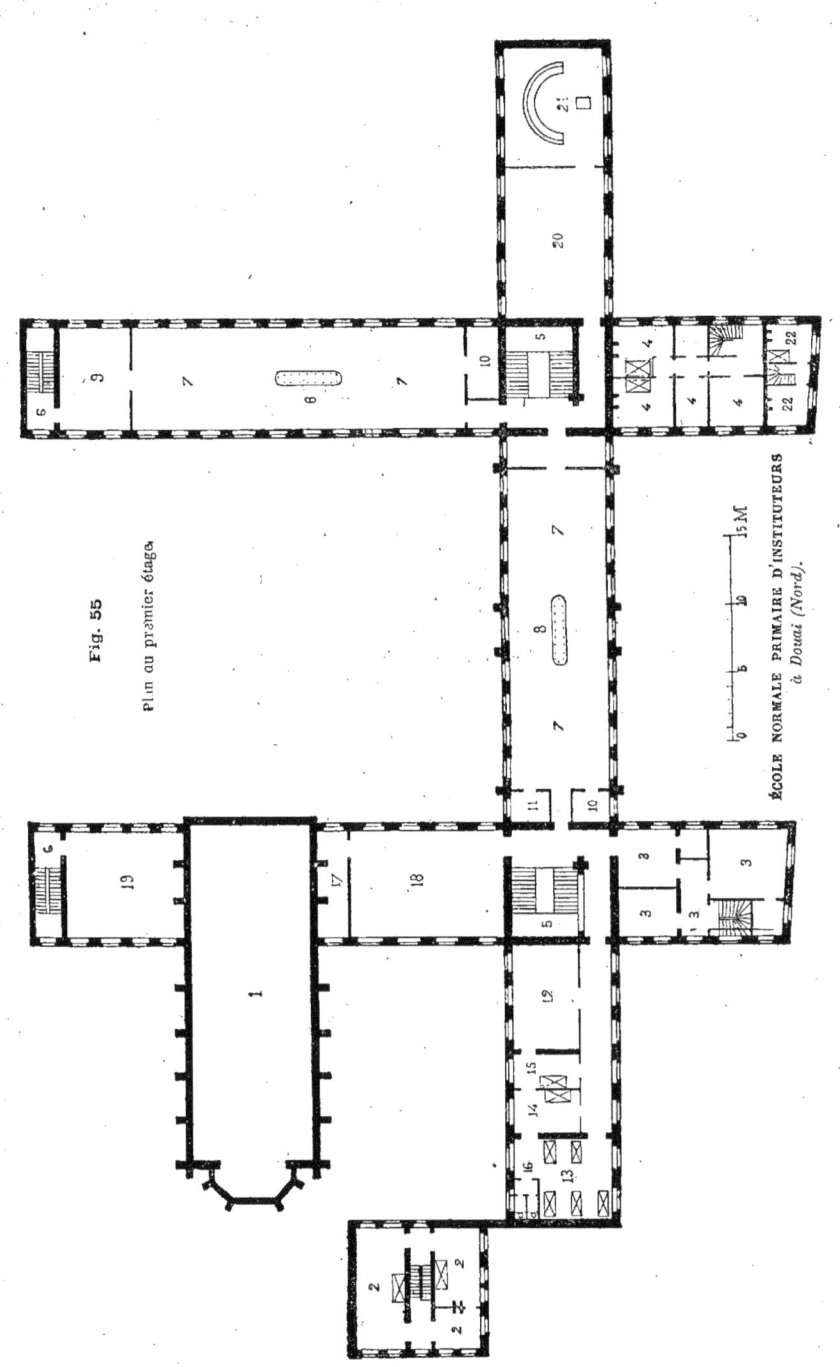

Fig. 55

Plan au premier étage.

ÉCOLE NORMALE PRIMAIRE D'INSTITUTEURS
à *Douai (Nord)*.

ÉCOLE NORMALE PRIMAIRE D'INSTITUTEURS

à Douai (Nord).

Fig. 56.

PLAN DU DEUXIÈME ETAGE.

1. Dortoirs.
2. Lavabos.
3. Vestiaire.
4. Chambres de maîtres.
5. Chambres de domestiques.
6. Salle de collection d'histoire naturelle.
7. Matériel scolaire.
8. Salle de dessin graphique.
9. Dortoir des domestiques.
10. Magasin général.
11. Dépôt des malles des élèves.
12. Dépôt de linge sale.
13. Séchoir.
14. Chambre de la lingerie.
15. Atelier de raccommodage.
16. Escaliers principaux.
17. Escaliers secondaires.

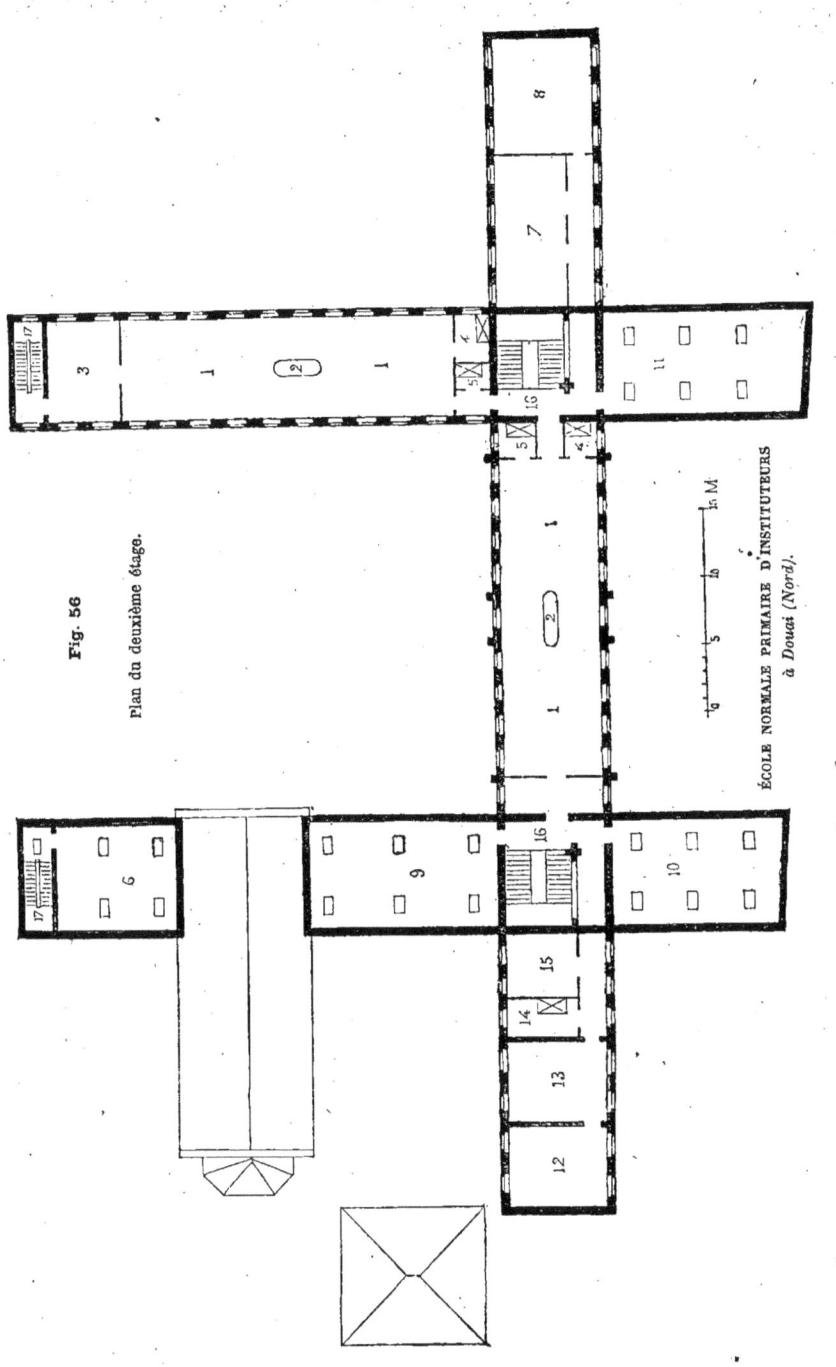

Fig. 56

Plan du deuxième étage.

ÉCOLE NORMALE PRIMAIRE D'INSTITUTEURS à Douai (Nord).

Il existe trois salles de dessin, une pour le dessin d'après la bosse, une pour le dessin graphique et une pour le dessin d'imitation.

Les maîtres ont à leur disposition deux salles de travail, l'une au rez-de-chaussée, l'autre au premier étage.

Une omission singulière, mais que du reste il sera bien facile de réparer a fait oublier ou supprimer la bibliothèque et les salles de travail manuel. L'emplacement heureusement ne manque pas dans les combles du bâtiment pour y disposer les locaux nécessaires.

La cuisine comprend, outre une grande pièce de 50 mètres de surface, une laverie et un magasin servant de dépense. Les réfectoires sont divisés en deux salles de façon à séparer les grands élèves des plus jeunes.

Les grands bains et les bains de pied placés près des cuisines n'occupent pas un emplacement suffisant pour qu'ils soient d'un usage facile.

Les dortoirs sont vastes et bien aérés, ils se divisent en quatre salles accompagnées chacune d'une chambre de maître, d'une chambre de domestique et d'un vestiaire. Les lavabos se trouvent au milieu des salles entre les rangs de lits.

L'infirmerie se compose d'une salle commune pour cinq malades, d'une salle pour malade isolé et d'une chambre pour l'infirmier avec des privés.

A côté et au-dessus de l'infirmerie se trouvent la lingerie, la salle de dépôt du linge propre, le dépôt du linge sale, le séchoir, un atelier de raccommodage et la chambre de la lingère.

L'école annexe entièrement distincte de l'école normale se divise en quatre classes, trois petites et une grande; elle a une entrée particulière, une cour de récréation et une galerie servant de préau.

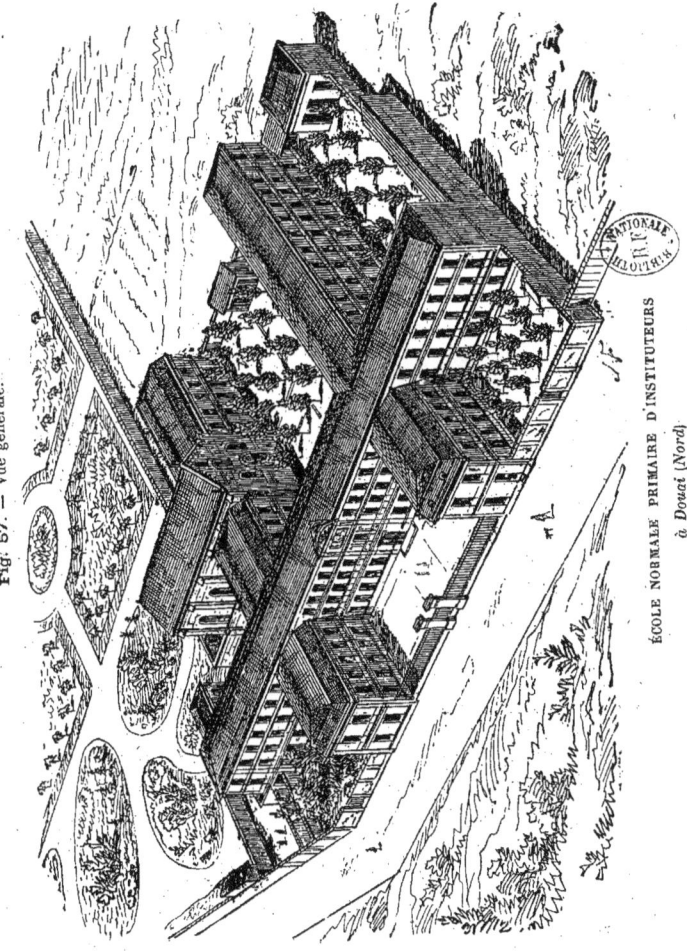

Fig. 57. — Vue générale.

ÉCOLE NORMALE PRIMAIRE D'INSTITUTEURS
à *Douai* (Nord)

Les logements sont au nombre de trois, celui du directeur de l'école normale, placé près de l'entrée et se composant de : vestibule, salon, salle à manger, office, laverie au rez-de-chaussée, et trois chambres à coucher au premier étage. Ce logement, afin de faciliter la surveillance, communique directement avec toutes les parties de l'école.

Les autres logements sont complètement séparés et isolés; celui du directeur de l'école annexe ne compte que quatre pièces et celui de l'aumônier occupant un pavillon près de la chapelle compte quatre pièces au rez-de-chaussée et trois à l'étage.

Les chambres des maîtres adjoints sont un peu exiguës, mais les maîtres peuvent se réunir et travailler dans les deux salles qui leur sont réservées et que nous avons signalées.

Les façades *(fig. 57)*, tout en étant fort simples, ont un caractère bien approprié à la destination de l'édifice et offrent d'heureuses proportions. La construction est entièrement en briques, et cet emploi exclusif des matériaux du pays a permis de réaliser les économies dont le résultat a été signalé au début de cette notice.

L'école normale de Douai est la plus complète de celles que nous avons examinées. Dans aucune des précédentes nous n'avons, en effet, sauf en ce qui concerne les dortoirs, trouvé les services aussi bien installés, aussi bien prévus et répondant plus convenablement aux besoins multiples d'un établissement de ce genre.

CHAPITRE III

ÉCOLES NORMALES PRIMAIRES
A L'ÉTRANGER

Écoles normales primaires en Angleterre.

XIV

COLLÈGE D'INSTITUTRICES
à Londres.

Le programme que doit remplir le collège d'institutrices de Londres n'est peut-être pas exactement le même que celui imposé à nos écoles normales, mais il n'en diffère que par quelques points de détails, par la simplicité apportée dans l'installation de certains services et le développement donné à d'autres, dispositions spéciales en tous cas utiles à connaître.

Le collège d'institutrices de Londres (1) peut recevoir 70 jeunes filles se destinant à la profession d'institutrices. L'établissement se divise comme nos écoles normales en deux parties, l'une est l'école normale proprement dite, la seconde est l'école annexe. Dans la première les institutri-

---

(1) Robson, *School architecture.*

ces sont tout à la fois initiées aux connaissances qui leur sont nécessaires et aux méthodes grâce auxquelles elles seront plus tard à même d'enseigner à leur tour ; dans la seconde, au contraire, elles appliquent à l'instruction des élèves les principes qui leur ont été précédemment inculqués. Ces deux parties de l'édifice comprennent chacune un grand nombre de salles disposées autrement que nous ne le faisons.

Un grand porche suivi d'un vestibule occupe le centre du bâtiment, il sert d'entrée principale. L'école normale se trouve à gauche, l'école annexe à droite. Ces deux écoles sont en relation immédiate et directe au moyen d'une large galerie traversant le bâtiment dans toute sa longueur et terminée à chacune de ses extrémités par une porte donnant sur les cours de récréation, couverte et découverte, le gymnase, etc.

L'école annexe se compose de salles servant de classes et d'une grande pièce où toutes les élèves peuvent être réunies avec les institutrices, pour recevoir une leçon générale ou suivre un exercice commun, c'est là, pour les maîtresses, l'occasion d'appliquer les procédés et les méthodes qui leur ont été développées. Il est également à remarquer qu'une des classes de l'école annexe reçoit de très jeunes enfants. Ceux-ci sont confiés aux soins des institutrices qui trouvent ainsi l'occasion de s'initier aux soins matériels nécessaires à l'enfance. A l'école normale deux dispositions particulières doivent être à signalées dans l'installation des services, la première concerne les cuisines et réfectoire, la seconde les dortoirs.

Les cuisines *(fig. 58)* occupent un bâtiment à part, relié au bâtiment principal par l'aile contenant le réfectoire. Le réfectoire a des dimensions considérables, aussi reste-

COLLÈGE D'INSTITUTRICES

à Londres.

Fig. 58.

PLAN DU REZ-DE-CHAUSSÉE

1. Porche.
2. Hall.
3. Galeries.
4. Parloir.
5. Cabinet de la Directrice.
6. Entrée de l'école d'enfants (école annexe).
7. Vestiaire.
8. Lavabos et privés.
9. Salle des maîtresses.
10. Salle d'exercices.
11. Classes.
12. Salle de musique.
13. Cabinets des instruments.
14. Entrée des élèves.
15. Vestiaire.
16. Lavabos et privés.
17. Salle des maîtres.
18. Étude.
19. Classes.
20. Salle de musique.
21. Cabinets des instruments.
22. Passages.
23. Courettes.
24. Lingerie.
25. Réfectoire.
26. Cuisine.
27. Laverie.
28. Salle des gens de service.
29. Salle pour le nettoyage de l'argenterie.
30. Dépôt de la vaisselle.
31. Dépense.
32. Office.
33. Vins et bière.
34. Provisions fraîches.
35. » : sèches.
36. Logement du gardien.
37. id.
38. Préparation des légumes.
39. Bois et charbon.
40. Hangar.
41. Cours d'isolement.
42. Passage de service pour les approvisionnements.

ÉCOLE NORMALE PRIMAIRE A LONDRES.

Fig. 58.

Plan du rez-de-chaussée.

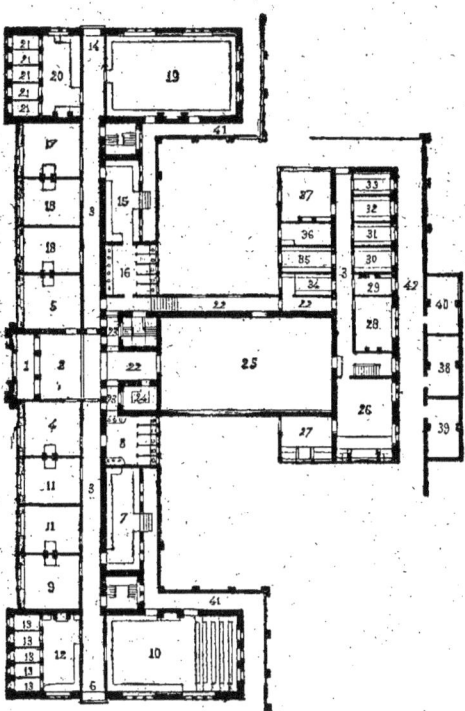

COLLÈGE D'INSTITUTRICES
à Londres.

COLLÈGE D'INSTITUTRICES

à Londres.

Fig. 59

PLAN DU PREMIER ÉTAGE.

1. Galeries.
2. Chambres de maîtresses surveillantes.
3. Cellules d'élèves à un lit.
4. — — à deux lits.
5. — — à trois lits.
6. Chambre à coucher de la directrice.
7. Antichambre.
8. Privés.
9. Bains.
10. Partie supérieure du réfectoire.
11. Dortoir des domestiques.
12. Chambre du cuisinier.
13. Chambre du gardien.
14. Partie supérieure de la cuisine.

ÉCOLE NORMALE PRIMAIRE A LONDRES.

Fig. 59

Plan du premier étage.

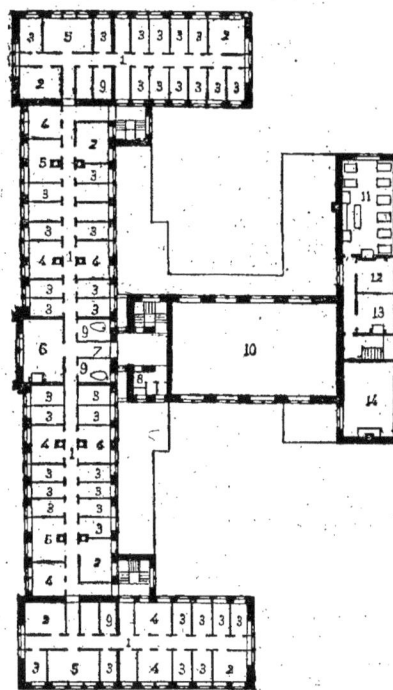

COLLÈGE D'INSTITUTRICES
à Londres.

il facilement salubre, propre et sans odeur. Quant aux cuisines leur développement est énorme, elles se divisent en un nombre infini de salles et de petites pièces ayant toutes une destination particulière et spéciale. C'est là une application de ce confort britannique, poussé si loin que souvent il devient une gêne et un embarras.

Ainsi pour un établissement aussi simple et aussi modeste dans son but que doit l'être un collège d'institutrices, on compte, outre la cuisine proprement dite, la laverie, la salle pour les repas et les réunions des gens du service, la pièce pour le nettoyage de l'argenterie et des couteaux, la pièce pour le dépôt de la vaisselle, l'office, le magasin des épiceries, la cave au vin, la cave à bière, le dépôt des provisions fraîches, celui des conserves, une salle pour couper et préparer les légumes, une soute pour le bois, une autre pour le charbon, etc. Une telle division de service paraît un peu compliquée, mais elle donne complète satisfaction aux mœurs anglaises.

Les dortoirs placés au premier étage *(fig. 59)* se composent d'une suite de boxes fermées par des cloisons en sapin verni ne montant qu'à 2^m,00 au-dessus du sol. Chaque boxe est éclairée par une fenêtre fermant à guillotine et contient une couchette avec un unique matelas, une table de toilette munie d'ustensiles variés, une commode, une chaise et une série de porte manteaux *(fig. 60)*. Les élèves ont ainsi près d'elles et sous la main, leur linge et leurs vêtements; elles doivent en prendre soin, veiller à ce qu'ils soient en ordre et en bon état.

Ces boxes sont à un, deux et trois lits suivant que deux sœurs désirent être ensemble ou que deux élèves trop jeunes ont besoin des soins ou de la surveillance d'une élève plus âgée.

Fig. 60. — Cellules des Dortoirs.

COLLÈGE D'INSTITUTRICES
à Londres.

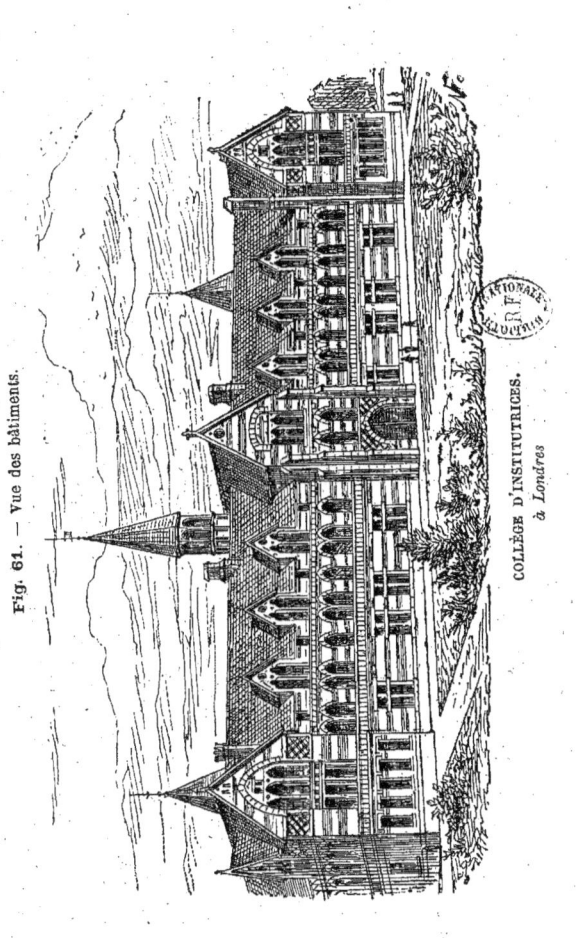

Fig. 61. — Vue des bâtiments.

COLLÈGE D'INSTITUTRICES.
à Londres

Aucun logement de directeur, de sous-directeur ou d'aumônier n'est réservé à l'intérieur du collège. La directrice mange au réfectoire avec ses élèves, elle a une grande chambre au milieu du dortoir et un cabinet de travail au rez-de-chaussée : les maîtresses ont une chambre à l'étage du dortoir au milieu de leurs élèves et peuvent en outre se réunir et travailler dans une salle commune.

Les salles de dessin, de réunion générale, de travail manuel, etc... sont placées au deuxième étage.

Les façades *(fig. 61)* en brique et pierre ont une silhouette pittoresque accusée franchement et dans laquelle on retrouve la destination des différentes parties de l'édifice.

Écoles normales primaires en Suisse.

(Lehrer-seminars.)

Il existe en Suisse un très grand nombre d'écoles normales primaires. Chaque canton en possède plusieurs, mais presque toutes sont installées dans d'anciens couvents ou occupent des bâtiments transformés et se prêtant avec plus ou moins de bonheur à leur nouvelle destination.

L'installation de ces écoles n'offre donc aucun intérêt au point de vue spécial qui nous occupe, car leurs dispositions ont toujours forcément été subordonnées à des conditions étrangères au service de l'enseignement.

Mais à côté de ces écoles normales d'instituteurs établies le plus souvent dans des bourgs ou dans des villages et recevant des élèves internes, se sont depuis quelque temps construites dans quelques villes plus importantes des écoles normales d'institutrices qui sont de simples externats.

Ces écoles ont une importance moindre que les premières, elles sont installées d'une façon simple et économique occupent un espace restreint et ne renferment dans leur enceinte que les services strictement indispensables. Les élèves étant tous externes et ne passant à l'école que le temps des leçons, ces établissements ne possèdent que les salles destinées à l'enseignement; on n'y trouve ni cours de récréation, ni cuisines, ni dortoirs, ni infirmerie, lingerie, etc., ni chapelle, ni logements autre que celui d'un gardien ouvrant la porte le matin et la fermant le soir.

Il suffira du reste d'examiner deux écoles de ce genre pour bien se rendre compte des dispositions qu'elles présentent.

XV

ÉCOLE NORMALE PRIMAIRE D'INSTITUTRICES
(Madchenschulen Weisenhausplatz)
à Berne.

L'école normale de la Weisenhausplatz à Berne est située à l'intersection de trois grandes voies. La façade principale s'élève en bordure d'une large promenade calme et tranquille sur laquelle prennent jour et air les salles principales. Une partie du rez de chaussée est occupée par des magasins loués à l'industrie privée.

A droite de l'entrée est au rez-de-chaussée *(fig 62)* le parloir et le logement du gardien, à gauche un vestiaire et la salle de gymnastique, puis en face le grand escalier et de chaque côté un vestibule desservant les privés et lavabos.

Au premier étage *(fig. 63)* se trouvent le cabinet du directeur accompagné d'un cabinet de toilette, les

ÉCOLE NORMALE PRIMAIRE A BERNE.

Fig. 62.

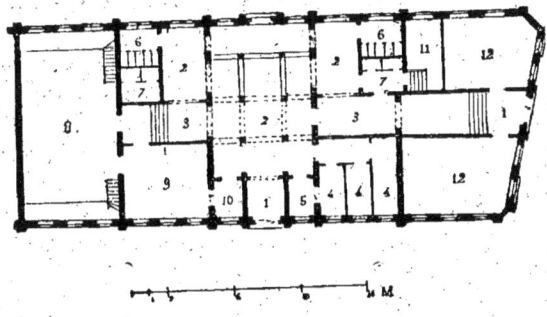

PLAN DU REZ-DE-CHAUSSÉE.

1. Entrées.
2. Vestibule.
3. Galeries.
4. Logement du gardie.
5. Parloir.
6. Privés.
7. Dépôt.
8. Gymnase.
9. Vestiaire.
10. Dépôt des engins.
11. Matériel scolaire.
12. Boutiques en locâtion.

ÉCOLE NORMALE PRIMAIRE D'INSTITUTRICES
Weisenhausplatz, Berne (Suisse).

Fig. 63.

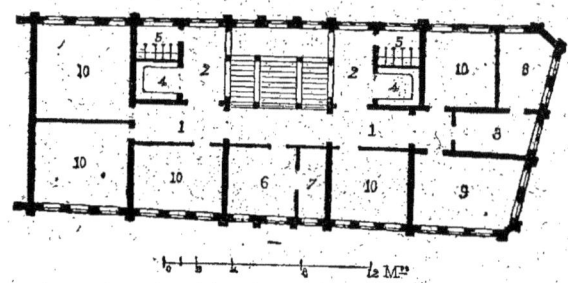

PLAN DU PREMIER ÉTAGE.

1. Galerie.
2. Vestibule.
3. Vestiaire.
4. Privés.
5. Lavabos.
6. Cabinet de travail du directeur.
7. — toilette du directeur.
8. Salle des Maîtres.
9. Atelier de couture.
10. Classes.

ÉCOLE NORMALE PRIMAIRE D'INSTITUTRICES
Weisenhausplatz, Berne (Suisse).

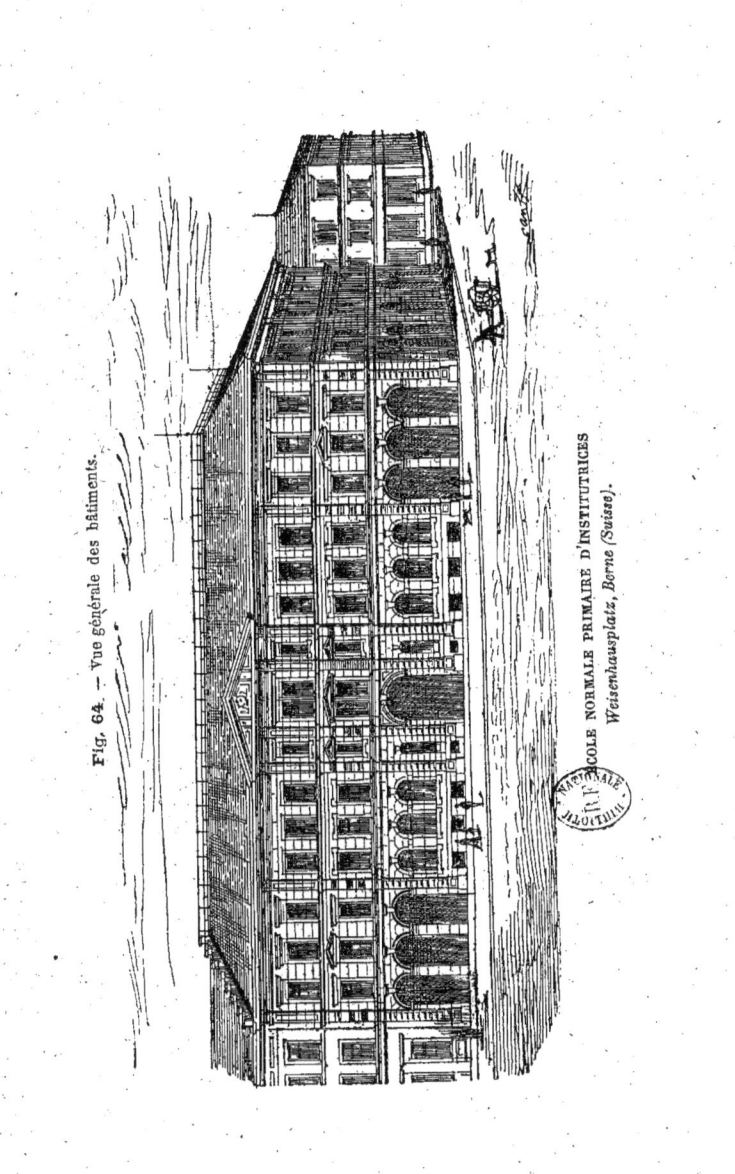

Fig. 64. — Vue générale des bâtiments.

ÉCOLE NORMALE PRIMAIRE D'INSTITUTRICES
Weisenhausplatz, Berne (Suisse).

salles des maîtres, un atelier de couture et une série de classes.

Au second étage sont la salle de réunion générale, la salle de dessin, les collections et les bibliothèques, etc.

Toutes les classes sont éclairées à la gauche des élèves et munies de bancs-tables à deux places conformes aux prescriptions actuelles.

Les façades *(fig. 64)* manquent de caractère, les boutiques du rez-de-chaussée leur donnent l'apparence d'une maison à loyer et les empêchent de se distinguer des bâtiments voisins.

XVI

ÉCOLE NORMALE PRIMAIRE D'INSTITUTRICES

(Neue mädchenschule Eundessgasse)

à Berne.

L'école normale de la Eundessgasse, à Berne, s'élève en bordure d'une belle promenade qui domine la vallée de l'Aar, elle se trouve ainsi dans une position très saine et très salubre.

Le bâtiment est élevé sur sous-sol d'un rez-de-chaussée et trois étages; dans le sous-sol doivent être disposés une cuisine et un réfectoire qui permettraient aux élèves de prendre à l'école le repas de midi. La récréation se composerait d'une promenade sur l'Eundessgasse, car l'établissement ne possède ni cours ni jardins.

Au rez-de-chaussée *(fig. 65)* deux porches couverts abritent chacun une entrée et donnent accès dans le parloir, le vestiaire, le vestibule et dans une longue galerie. L'une de ces entrées est réservée aux enfants de l'école annexe, l'au-

Fig. 65.

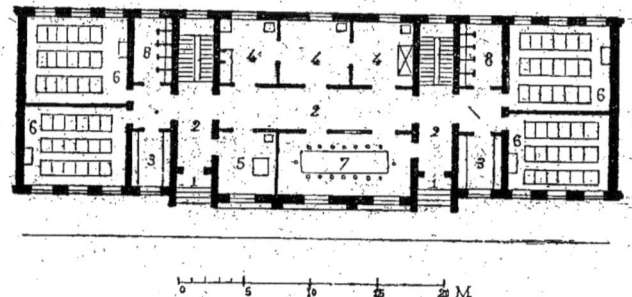

PLAN DU REZ-DE-CHAUSSÉE.

1. Porches.
2. Vestibule.
3. Vestiaires.
4. Logement du gardien.
5. Parloir.
6. Classes.
7. Atelier de couture.
8. Privés.

ÉCOLE NORMALE PRIMAIRE D'INSTITUTRICES.
Eundesgasse à Berne (Suisse).

ÉCOLE NORMALE PRIMAIRE A BERNE

Fig. 66.

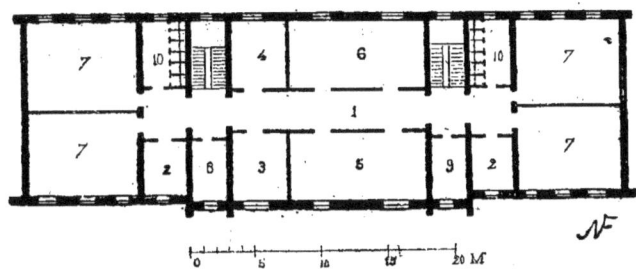

PLAN DU PREMIER ÉTAGE.

1. Galerie.
2. Vestiaires.
3. Cabinet du Directeur.
4. Salle des Maîtresses.
5. Salle de dessin.
6. Bibliothèque.
7. Classes.
8. Matériel scolaire.
9. Dépôt.
10. Privés.

ÉCOLE NORMALE PRIMAIRE D'INSTITUTRICES

Eundessgasse à Berne (Suisse).

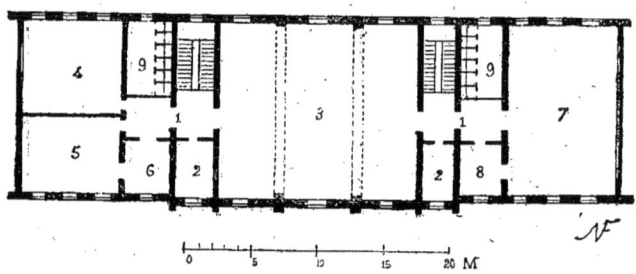

Fig. 67.

PLAN DU DEUXIÈME ÉTAGE.

1. Antichambre.
2. Vestiaires.
3. Salle d'assemblée.
4. Salle de conférences.
5. Classe de physique.
6. Cabinet des instruments.
7. Salle de chant.
8. Cabinet de musique.
9. Privés.

ÉCOLE NORMALE PRIMAIRE D'INSTITUTRICES.

Eundessgasse à Berne (Suisse)

Fig. 68. — Vue générale des bâtiments

ÉCOLE NORMALE PRIMAIRE D'INSTITUTRICES.
Eundesgasse à Berne (Suisse).

tre aux élèves de l'école normale. Le logement du gardien, le seul agent qui habite l'école, est au fond éclairé sur une rue latérale et aux deux extrémités de la galerie s'ouvrent quatre classes de chacune 36 élèves. Ces classes sont éclairées à la gauche des élèves et meublées de tables à deux places. La façade est occupée par un grand atelier de couture.

Au premier étage *(fig. 66)* on trouve des vestiaires, des privés, le cabinet du directeur, une salle pour les maîtresses, la salle de dessin, la bibliothèque, le dépôt du matériel scolaire, et quatre classes semblables à celles du rez-de-chaussée

Au deuxième étage enfin *(fig. 67)* sont placés la grande salle d'assemblée, la salle de conférences, la salle de chant, l'amphithéâtre de physique, etc.

On voit qu'en ce qui concerne l'enseignement proprement dit tous les services nécessaires sont prévus et bien installés.

La façade *(fig. 68)* est celle d'un monument, le développement qui lui est donné montre l'importance que la Suisse attache à ses établissements scolaires (1).

Écoles normales primaires en Allemagne.

(Lehrer-Seminars).

Le développement considérable donné à l'enseignement primaire dans tous les États allemands a eu pour conséquence de rendre nécessaire la construction d'un grand nombre d'écoles normales destinées à former de nouveaux maîtres.

---

(1) *Les écoles publiques en Suisse*, par Félix Narjoux.

Ces écoles désignées sous le nom de Lehrer-Seminars (séminaire de maîtres) se rencontrent dans les villes, les chefs-lieux de province et même dans des villages ou des petites villes. Elles sont excessivement variées de forme, d'importance et de dispositions. On compte parmi ces écoles des internats, des externats, des écoles mixtes, des écoles distinctes pour les instituteurs et les institutrices, des écoles réservées aux élèves d'une seule région ou communes à plusieurs provinces.

Nous ignorons les différences qui existent entre le programme de l'enseignement en usage dans les écoles normales françaises et celui des écoles normales allemandes. L'enseignement et les méthodes ne sont pas les mêmes et c'est ce qui explique par exemple le grand nombre de classes ou d'études installées dans certaines écoles et désignées sous le nom de salles de cours ou de travail.

Les écoles annexées à nos écoles normales et dans lesquelles les élèves-maîtres font l'apprentissage de leur future profession ne forment pas toujours en Allemagne partie intégrante des Lehrer-Seminars. Ce sont le plus souvent des constructions à part, des écoles placées au dehors, écoles primaires semblables à toutes les autres et sur lesquelles nous n'avons par conséquent pas à appeler l'attention.

Quelques points de détail frapperont le lecteur dans l'examen des écoles normales d'Allemagne ; ce sera d'abord la suppression de toute chapelle, de tout oratoire, de tout local consacré à la pratique des devoirs religieux, ensuite la transformation des dortoirs contenant 80 et 100 lits, des salles d'études contenant 80 et 100 places en dortoirs de 10 lits en salles d'études de 15 places.

Certaines écoles comme celles de Nagold dans le Wurtemberg, par exemple, ont réalisé à cet égard des progrès et des perfectionnements dont pas une de nos écoles, même parmi les plus récentes et les plus considérables, ne peut donner idée. Aussi sommes-nous à propos des écoles allemandes entrés dans des développements que justifient l'intérêt et la nouveauté du sujet. — Il faut aussi ajouter que les dépenses nécessitées par la construction d'établissements de ce genre dépassent de beaucoup celles auxquelles nous nous restreignons malheureusement en France.

XVII

ECOLE NORMALE PRIMAIRE D'INSTITUTEURS (1)

(Gemischten (2) Lehrer Seminar).

à *Carlsruhe (duché de Bade)*.

L'école normale de Carlsruhe (3) est destinée à former des instituteurs, les cours sont biennaux et comprennent à peu près les mêmes matières d'enseignement que les écoles normales françaises. L'école peut contenir de 100 à 120 élèves environ; ses bâtiments couvrent une surface de 1,580 mètres, non compris les cours, jardins et dépendances.

Le terrain occupé par l'école et ses dépendances a la forme d'un rectangle *(fig. 69)* de 132^m,50 de large sur 142^m,50 de long, soit 18,881^m,25 de surface. Sur cet emplacement s'élèvent les divers bâtiments scolaires entourés de plantations, de cours et de jardins. Le gymnase

---

(1) Nous devons les renseignements relatifs à l'école normale de Carlsruhe, à l'obligeance de son éminent directeur le Dr Berger.

(2) Gemischten, *mixte*, expression qui s'applique à la confession religieuse des élèves. L'école de Carlsruhe reçoit en effet des élèves catholiques, protestants et juifs.

(3) M. Lang, architecte.

ÉCOLE NORMALE PRIMAIRE D'INSTITUTEURS

(Lehrer Seminar)

à *Carlsruhe (duché de Bade)*

Fig. 69

PLAN GÉNÉRAL.

1. Entrée principale.
2. Cour d'entrée.
3. Bâtiment principal.
4. Cour de récréation de l'école normale.
5. École annexe.
6. Cour d'entrée.
7. Cour de récréation de l'école annexe.
8. Gymnase.
9. Cour du gymnase.
10. Jardin du directeur.
11. Jardin de l'économe.
12. Jardin de l'école.

ÉCOLE NORMALE PRIMAIRE A CARLSRUHE.

Fig. 69.

Plan général.

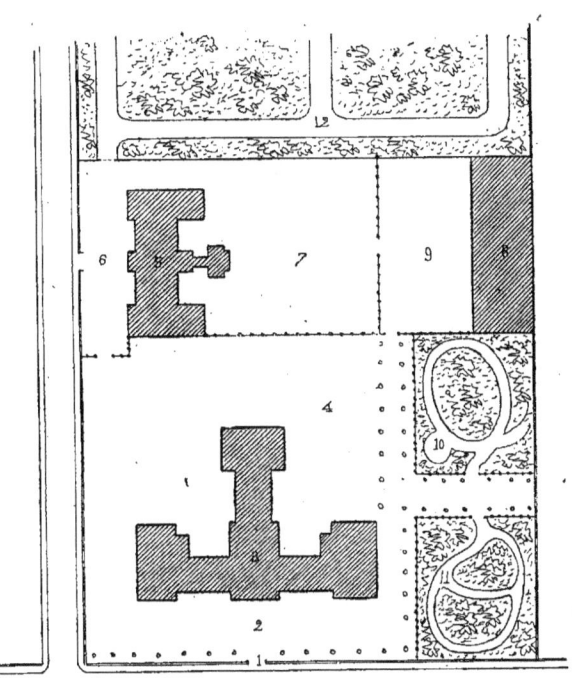

ÉCOLE NORMALE PRIMAIRE D'INSTITUTEURS
(Lehrer Seminar)
A Carlsruhe (duché de Bade)

est encore en projet ; il sera précédé d'une cour spéciale pour les exercices en plein air. Le directeur, les professeurs et les élèves ont des jardins distincts, ces derniers sont exclusivement chargés des soins que réclament les jardins qui leur sont attribués.

Les bâtiments sont de construction moderne et comprennent un principal corps en façade avec deux ailes terminées chacune par un pavillon ; en arrière du corps principal s'élève un bâtiment en retour, moins haut que les autres. Le bâtiment principal, les ailes et le pavillon qui les terminent sont élevés sur caves d'un rez-de-chaussée et de deux étages carrés. Le bâtiment en arrière n'est élevé sur caves que d'un rez-de-chaussée et d'un étage carré.

La dépense à laquelle a donné lieu l'exécution des travaux est de 710,000 marks (1), environ 887,750 francs de notre monnaie, soit donc une dépense moyenne de 7,900 francs pour chacun des 125 élèves (2).

La porte principale d'entrée s'ouvre sous un grand porche. A droite est le parloir ; à gauche, la loge du gardien, en face ; le vestibule avec l'escalier principal et une galerie latérale *(fig. 70)* desservant le bâtiment en aile et le bâtiment en arrière.

Le cabinet du directeur, précédé d'une salle d'attente qui le sépare de son logement particulier a son entrée

---

(1) Le mark allemand vaut 1 fr. 25 c. de notre monnaie.

(2) Dépense ainsi départie :

	marks	francs
Construction, gros œuvre, etc.	600.200	750.250
Mobilier.	83.000	103.750
Clôtures, grilles, cours jardins, etc.	27.000	33.750
Total	710.200	887.750

principale sur la galerie et regarde la cour d'entrée. Le cabinet du sous-directeur est au-dessus au premier étage.

Les salles servant d'études sont au nombre de douze, chacune ne contenant que 10 élèves. Les classes sont installées de façon à faire arriver le jour à la gauche des élèves. Les autres salles consacrées au service de l'enseignement comprennent deux grandes salles de dessin au rez-de-chaussée, une salle de conférences et une bibliothèque au premier étage, une salle de chant et une salle de musique au troisième. L'enseignement de la physique et de la chimie est donné dans l'amphithéâtre du troisième étage qu'accompagne une salle servant à la préparation des cours et au dépôt des instruments de physique.

Le service des réfectoires et des cuisines (1) occupe tout le rez-de-chaussée du bâtiment du fond et se compose d'une grande et belle salle pour le réfectoire avec un passage communiquant à une antichambre autour de laquelle sont groupés la cuisine proprement dite, un office, une grande laverie, des bains et une buanderie.

La partie du bâtiment située au-dessus du réfectoire renferme la grande salle d'assemblée et d'examens *(fig. 71)*, décorée des bustes de l'Empereur, du Grand-Duc, de Gœthe, de Schiller, de Humbolt, de Mozart, de Beethoven et du prince impérial.

Les dortoirs occupent les premier et deuxième étages *(fig. 71 et 72)* des pavillons extrêmes, dans les bâtiments en aile; ils se divisent en quatre salles comptant chacune 20 à 25 lits

---

(1) En ce qui concerne l'alimentation des élèves, l'établissement fournit gratuitement la batterie de cuisine, le chauffage, l'éclairage, le logement des domestiques. Les vivres se payent directement par les élèves suivant les dépenses faites et les prix du marché, soit 200 à 250 par an. Un fonctionnaire de l'établissement est exclusivement chargé de la direction de l'économat.

ÉCOLE NORMALE PRIMAIRE D'INSTITUTEURS

(Lehrer Seminar)

A Carlsruhe (duché de Bade)

Fig. 70.

PLAN DU REZ-DE-CHAUSSÉE.

1. Porche.
2. Vestibule.
3. Galeries.
4. Parloir.
5. Gardien.
6. Lavabos.
7. Privés.
8. Salles pour l'enseignement.
9. Salles de dessin.
10. Cabinet du directeur.
11. Salle d'attente.
12. Sortie de dégagement.
13. Antichambre, log.t du directeur.
14. Salon.
15. Salle à manger.
16. Chambre à coucher.
17. Cabinets.
18. Cuisine.
19. Office. Laverie.
20. Dépôts.
21. Passages.
22. Réfectoire.
23. Entrées de service.
24. Antichambre — dégagement.
25. Cuisine.
26. Laverie.
27. Office.
28. Bains.
29. Buanderie.
30. Descente aux caves.

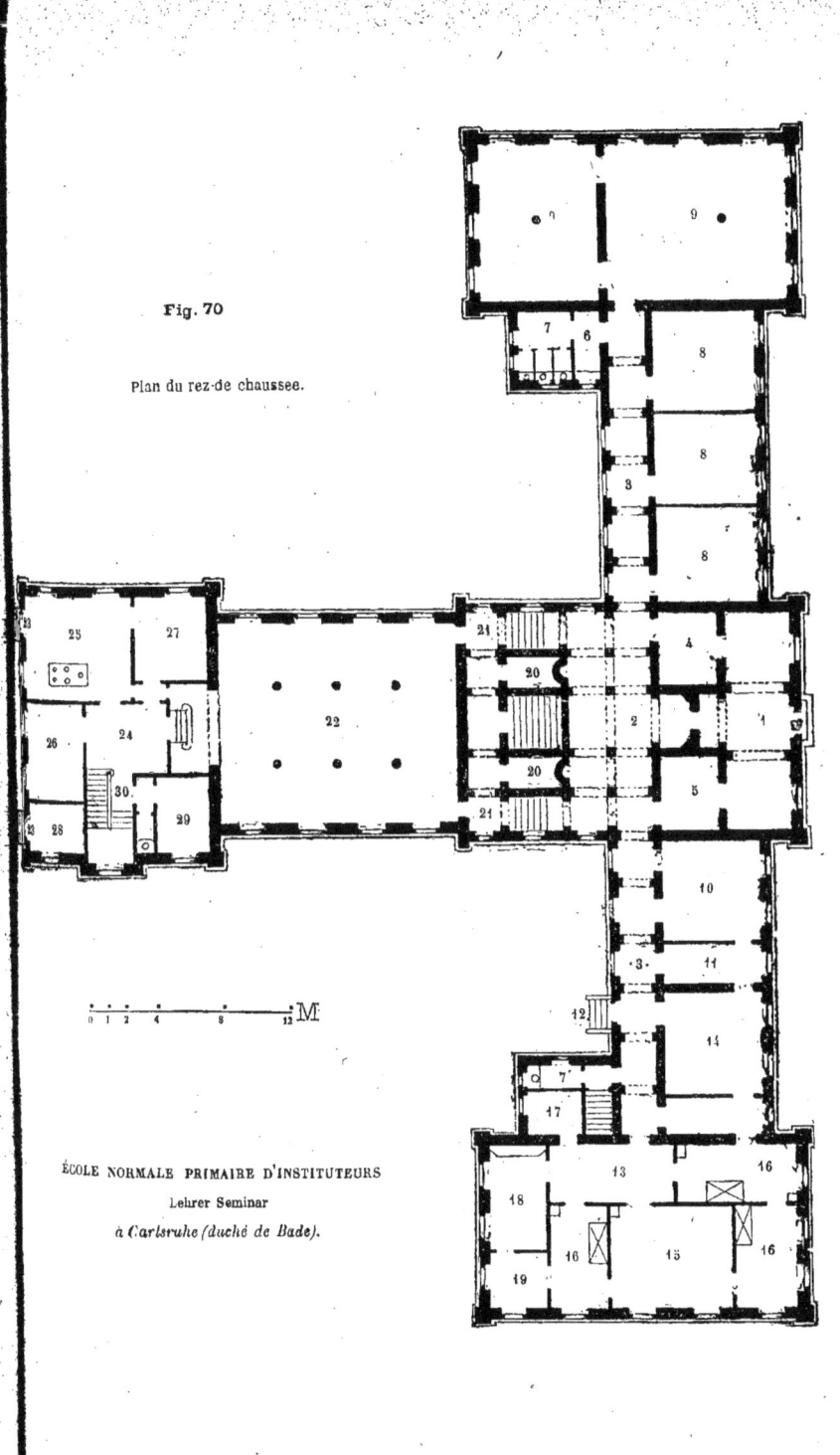

Fig. 70

Plan du rez-de-chaussée.

ÉCOLE NORMALE PRIMAIRE D'INSTITUTEURS
Lehrer Seminar
à Carlsruhe (duché de Bade).

ÉCOLE NORMALE PRIMAIRE D'INSTITUTEURS

(Lehrer Seminar)

A Carlsruhe (duché de Bade)

Fig. 71.

PLAN DU PREMIER ÉTAGE.

1. Vestibule.
2. Galeries.
3. Grande salle d'assemblée.
4. Tribune.
5. Infirmerie.
6. Malade isolé.
7. Bibliothèque.
8. Classes et études.
9. Cabinet du sous-directeur.
10. Salle de conférences.
11. Dortoirs.
12. Surveillants.
13. Lavabos.
14. Privés.
15. Antichambre, log. du sous-direct.
16. Salon.
17. Salle à manger.
18. Chambre à coucher.
19. Cuisine.
20. Laverie.

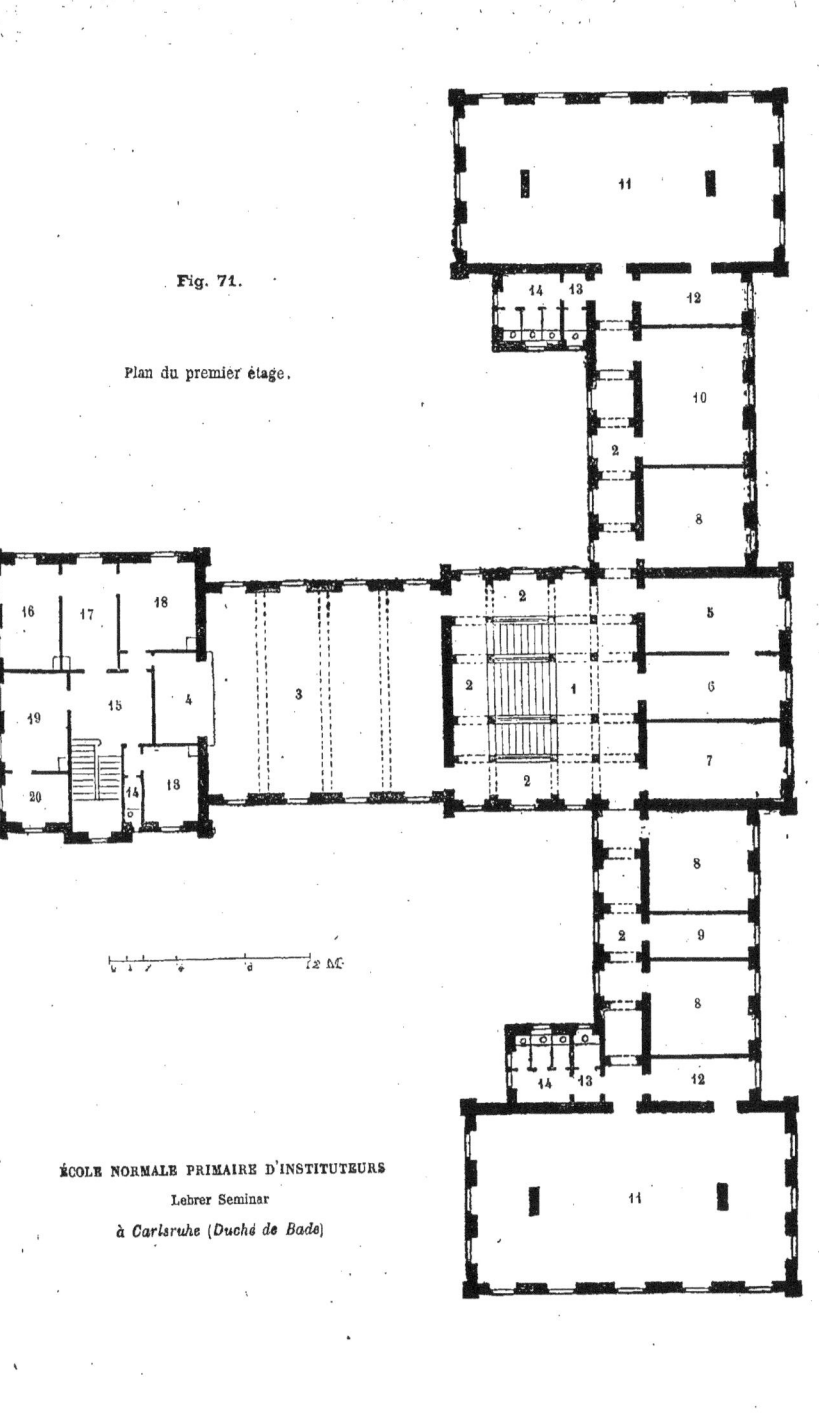

Fig. 71.

Plan du premier étage.

ÉCOLE NORMALE PRIMAIRE D'INSTITUTEURS
Lehrer Seminar
à Carlsruhe (Duché de Bade)

ÉCOLE NORMALE PRIMAIRE D'INSTITUTEURS

(Lehrer eminar)

A Carlsruhe (t hé de Bade).

Fig. 72.

PLAN DU DEUXIÈME ÉTAGE.

1. Vestibule.
2. Galeries.
3. Lavabos.
4. Privés.
5. Escalier des combles.
6. Dortoirs.
7. Chambres de surveillants.
8. Vestiaires.
9. Lingerie.
10. Salles de travail — classes.
11. Salle du chant.
12. Salle de musique

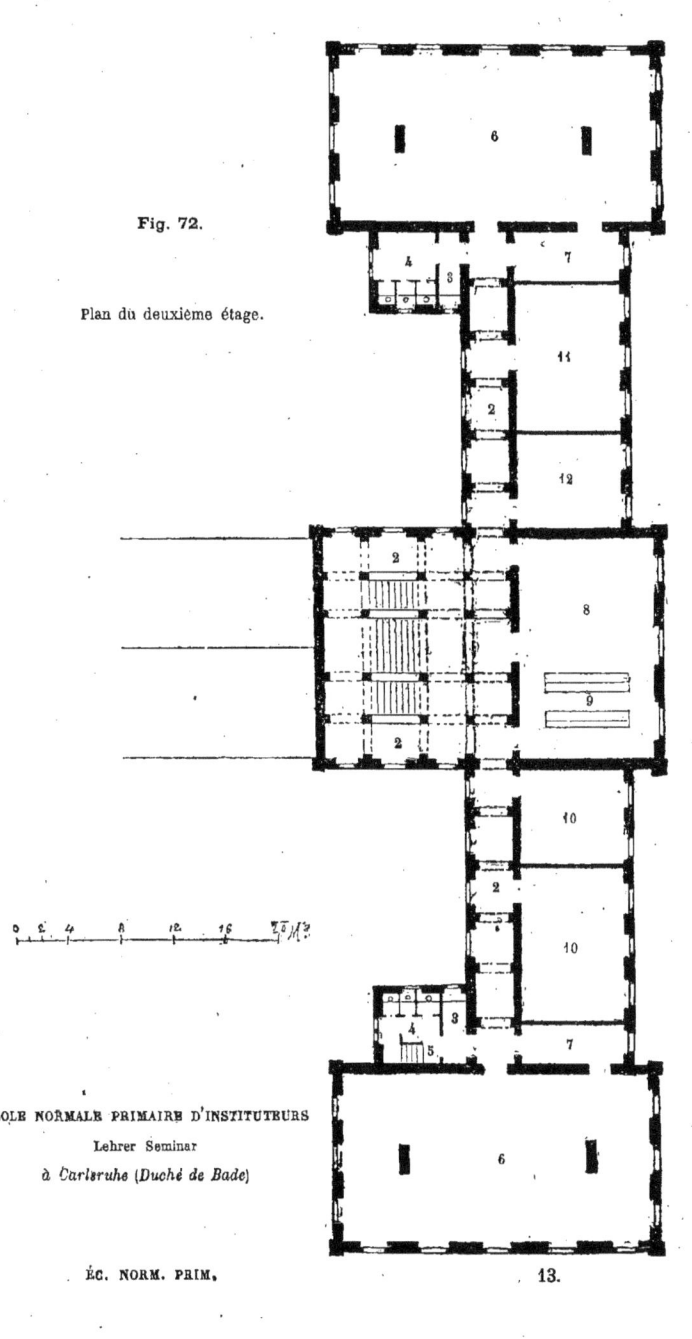

Fig. 72.

Plan du deuxième étage.

ÉCOLE NORMALE PRIMAIRE D'INSTITUTEURS
Lehrer Seminar
à Carlsruhe (Duché de Bade)

et accompagnées d'une chambre de surveillant, de lavabos et de privés. Le vestiaire est placé au deuxième étage dans une grande salle en communication avec la lingerie. L'infirmerie au premier étage se compose de deux salles, l'une pour les malades en commun, l'autre pour les malades isolés.

Le logement du directeur occupe au rez-de-chaussée la presque totalité de l'aile gauche ; il se compose, outre son cabinet et la salle d'attente, d'une antichambre desservie par un escalier spécial, d'un salon, d'une salle à manger, de trois chambres à coucher, de deux cabinets, d'une cuisine et d'une laverie.

Le logement du sous-directeur chargé de l'économat est au-dessus des cuisines, il comprend une antichambre, un salon, une salle à manger, deux chambres à coucher et une cuisine avec laverie. Ce logement a une entrée distincte et un escalier indépendant de celui de l'école ; il a en outre accès direct sur la salle d'assemblée.

Le mobilier des salles d'études se compose d'un bureau à cinq places, les élèves étant placés les uns en face des autres : aux murs sont fixés dix casiers pour recevoir les livres et le matériel scolaire.

L'aménagement de la salle de travail manuel comprend un établi de menuisier, une petite forge, une enclume, un étau, un tour, etc.

La fig. 73 indique la vue générale des bâtiments.

Ce qui frappe tout d'abord dans l'installation intérieure de l'école de Carlsruhe, c'est la dispersion, dans toutes les parties des bâtiments, des services de même nature. Nous trouvons avantage à grouper ensemble, dans nos écoles, les services analogues, à mettre par exemple les logements de maîtres à côté les uns des autres ; à Carlsruhe, au contraire, les logements de directeur, sous-directeurs et maîtres sont

Fig. 73. — Vue générale des bâtiments.

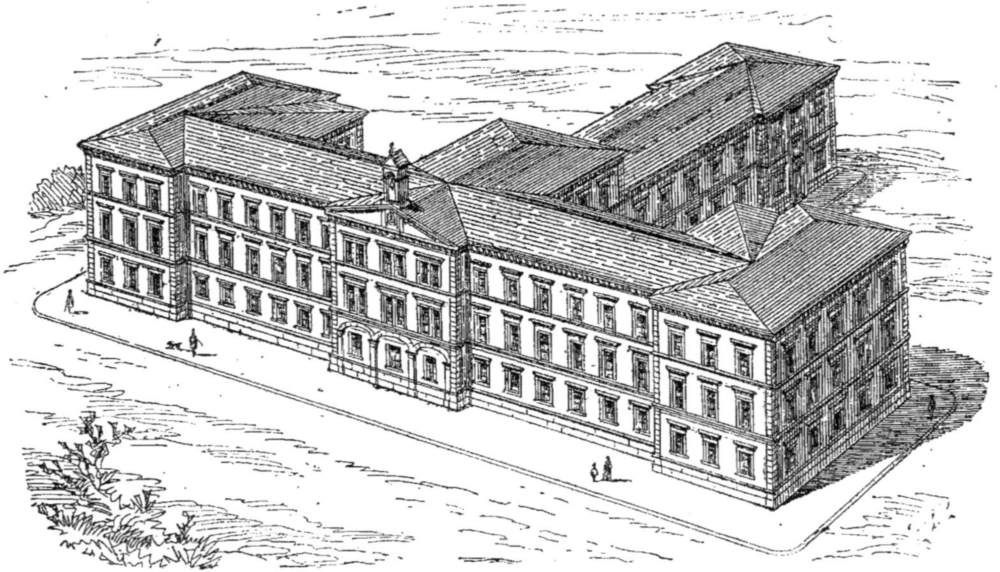

ÉCOLE NORMALE PRIMAIRE D'INSTITUTEURS.
(Lehrer seminar)
à *Carlsruhe* (Duché-de-Bade).

reportés aux extrémités opposées des bâtiments. Cette isposition ne provient pas d'une erreur ou d'une négligence, c'est un parti pris raisonné, dont le but est d'assurer la surveillance, de la rendre constante et facile. Les maîtres doivent être chez eux libres et indépendants, ils ont besoin d'un peu de calme afin de se reposer du tracas et du bruit de l'école ; cependant ils ne doivent pas être éloignés des élèves, pour que ceux-ci connaissent leur présence et sachent qu'à tout moment ils peuvent se trouver vis-à-vis d'eux. C'est là le résultat cherché à l'école de Carlsruhe et nous avons voulu insister sur les moyens employés pour y parvenir.

XVIII

ÉCOLE NORMALE PRIMAIRE D'INSTITUTEURS

(Schullehrer Seminares)

à Neuwied (Prusse Rhénane).

Neuwied est une petite ville de la Prusse Rhénane située sur les bords du Rhin au milieu d'une campagne riche et bien cultivée. Sa fondation ne remonte qu'au milieu du XVIIe siècle et sa population se compose en partie de frères moraves et de quakers dont le calme et l'austérité donnent à la petite ville un caractère particulier. C'est en traversant des rues solitaires bordées de petites maisons toutes semblables, aux fenêtres strictement closes qu'on arrive à l'école normale placée en dehors des habitations.

L'école de Neuwied est destinée à recevoir 62 élèves ; elle occupe une surface totale de près d'un hectare et se compose d'une grande cour en partie plantée qui entoure les bâtiments ; en arrière de ces bâtiments se trouvent les jardins réservés aux directeurs, et aux élèves et utilisés pour les expériences de l'enseignement spécial (*fig. 74*).

Le bâtiment principal est élevé sur caves d'un rez-de-chaussée et de deux étages carrés, il se compose d'un corps principal accompagné de deux ailes en retour et d'une autre aile en arrière. La forme générale des constructions rappelle un peu celle des bâtiments de l'école normale de Carlsruhe, avec cette différence que le bâtiment central est double d'épaisseur et que la galerie transversale s'étend non sur le côté mais au milieu du bâtiment. Ce bâtiment est en outre moins long qu'à Carlsruhe et les pavillons d'aile ont une plus grande saillie derrière laquelle se dérobe une partie des constructions.

Dans les cours sont installés des privés, des urinoirs, une salle de gymnastique et une construction annexe contenant une salle de dessin ajoutée après coup.

Un grand vestibule occupe l'avant-corps de la façade et aboutit directement à l'escalier des étages; là, il se divise en une galerie desservant à droite et à gauche le bâtiment principal et les ailes et aboutissant en face au réfectoire et au service des cuisines (*fig. 75*).

Le cabinet du directeur et celui du sous-directeur sont placés au rez-de-chaussée au milieu de la galerie; leur accès est ainsi rendu facile et ils se trouvent en communication directe avec toutes les parties de l'établissement. Le cabinet du directeur est précédé d'une salle d'attente, celui du sous-directeur est accompagné de deux pièces, l'une pour l'économe, l'autre pour l'employé surveillant.

Les salles consacrées à l'enseignement comprennent quatre classes et quatre études au rez-de-chaussée, une classe et une étude au premier étage, puis au rez-de-chaussée un amphithéâtre avec laboratoire de chimie et cabinet pour les instruments de physique, et enfin au premier étage une salle de conférences, une salle de collections, une bibliothèque avec une salle de lecture séparée, une salle de répétition et une salle de musique. La salle de musique est garnie d'armoires dans lesquelles on renferme les instruments.

Des bancs à cinq places sans dossiers garnissent les classes.

Les classes et les études ou salles de travail ont une surface moyenne de $20^m,00$ et ne contiennent que 12 à 15 élèves, ce qui a obligé à multiplier le nombre de salles et par suite celui des maîtres. Ces derniers occupent deux salles spéciales qui leur sont réservées, l'une, dans laquelle ils se réunissent pour causer et fumer, l'autre qui est consacrée au travail et placée à cet effet près de la bibliothèque.

La salle d'assemblée est au premier étage au-dessus du réfectoire. La galerie qui y donne accès, est surmontée d'une charpente apparente en bois rehaussée de chanfreins et de filets peints, d'un heureux effet. La salle elle-même est décorée d'un plafond à solives apparentes; au fond s'élève une haute estrade avec un grand buffet d'orgue. A côté de la salle d'assemblée est la salle de musique qui en est une dépendance.

On arrive au réfectoire, en traversant la galerie du rez-de-chaussée. Deux portes sont en outre ouvertes dans la cour de récréation. Les élèves peuvent ainsi sortir du réfectoire ou y entrer directement sans passer par l'école. Ce réfectoire est éclairé et aéré au moyen de six grandes fenêtres; il est occupé par des tables à 10 places, qui laissent entre elles un large passage communiquant à une office et à la cuisine. Au fond de ce réfectoire est une série de

ÉBOLE NORMALE PRIMAIRE D'INSTITUTEURS

(Schullehrer-Seminares)

A Neuwied (Prusse-Rhénane)

Fig. 74.

PLAN GÉNÉRAL.

1. Entrée principale.
2. Entrée de service.
3. Cour d'entrée.
4. Cour de récréation.
5. Bâtiment principal.
6. Privés.
7. Urinoirs.
8. Gymnase.
9. Salle de dessin.
10. Jardin potager.
11. Jardins des élèves.
12. Jardin du directeur.
13. Jardin des maîtres.
14. Jardin d'études.

ÉCOLE NORMALE PRIMAIRE A NEUWIED.

Fig. 74. — Plan général.

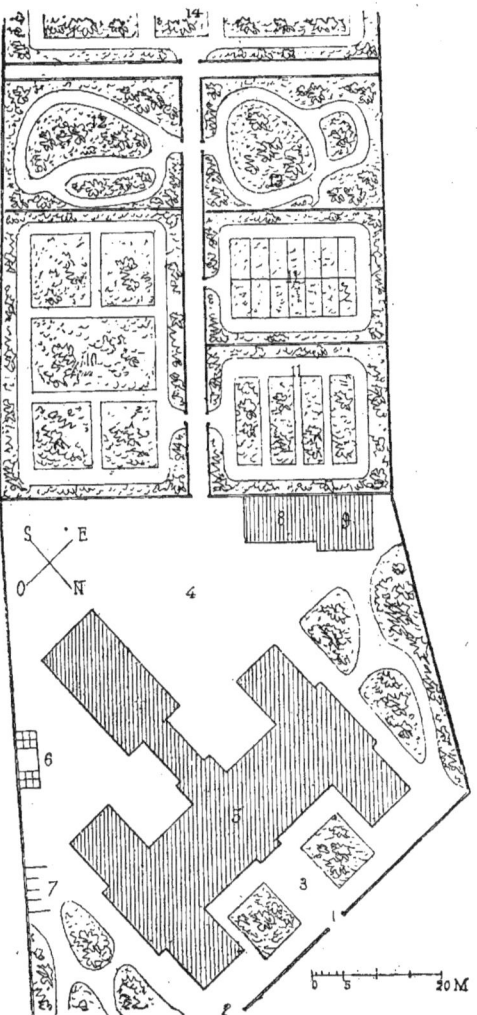

ÉCOLE NORMALE PRIMAIRE D'INSTITUTEURS
(Schullehrer-Seminares)
A *Neuwied* (*Prusse-Rhénane*).

ÉCOLE NORMALE PRIMAIRE D'INSTITUTEURS

(Schullehrer-Seminares)

A Neuwied (Prusse-Rhénane)

Fig. 75.

PLAN DU REZ-DE-CHAUSSÉE.

1. Vestibule.
2. Galerie.
3. Première classe.
4. Première étude.
5. Deuxième étude.
6. Deuxième classe.
7. Troisième classe.
8. Troisième étude.
9. Quatrième classe.
10. Quatrième étude.
11. Amphithéâtre.
12. Appareils de physique.
13. Laboratoire de chimie.
14. Cabinet de surveillant.
15. Cabinet du directeur.
16. Antichambre.
17. Logement du directeur.
18. Cabinet du sous-directeur.
19. Economat.
20. Logement du sous-directeur.
21. Privés.
22. Réfectoire.
23. Office.
24. Vestibule.
25. Escalier de service.
26. Cuisine.
27. Buanderie.
28. Salle de bains.

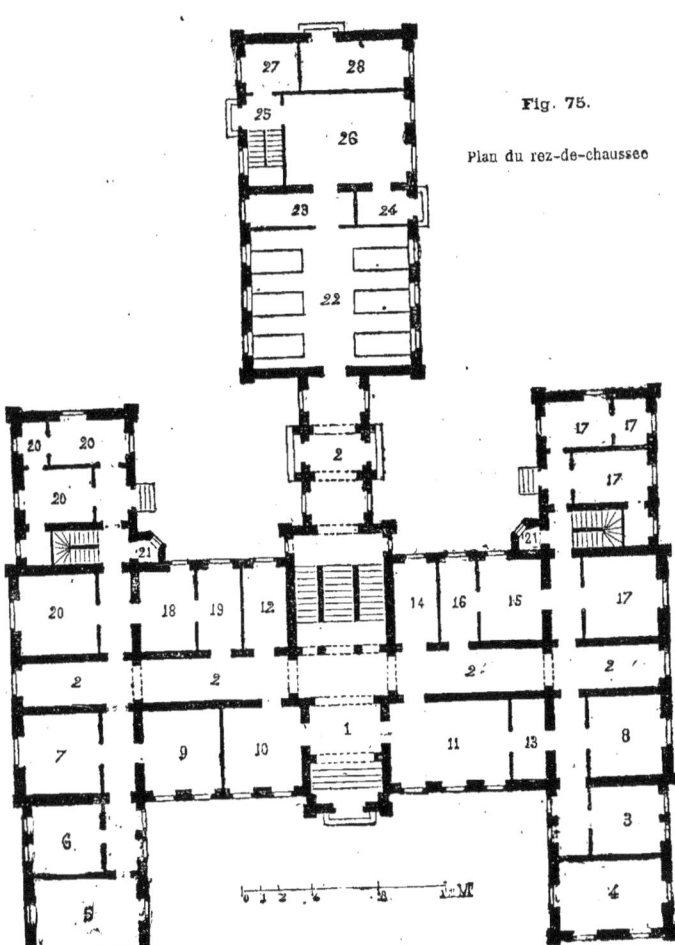

Fig. 75.

Plan du rez-de-chaussée

ÉCOLE NORMALE PRIMAIRE D'INSTITUTEURS
(Schullehrer-Seminares)
A Neuwied (Prusse-Rhénane)

petites armoires dans laquelle chaque élève dépose le pain qu'on lui remet chaque matin pour sa consommation de la journée.

Des portes extérieures rendent indépendants les divers services des cuisines groupés ensemble et comprenant, outre l'office et la cuisine proprement dite, la laverie, la buanderie, la salle de bains et un escalier facilitant l'entrée et la sortie des salles, de musique et d'assemblée, les jours de fête ou de nombreuse réunion.

Les dortoirs sont tous au deuxième étage *(fig. 76)* ; ils comprennent quatre salles : la plus petite contient dix lits, la plus grande 24, deux autres en contiennent 12 et la dernière 14, en tout 62 (1). Près de ces dortoirs se trouvent les lavabos, les privés, les vestiaires, le dépôt de chaussures et la lingerie.

Toute cette partie de l'établissement est malpropre et mal tenue, les dortoirs surtout ; les fenêtres qui les éclairent sont trop étroites, trop basses et leur linteau trop éloigné du plafond pour laisser l'air arriver à l'intérieur en quantité suffisante. Chaque lit est muni d'une tringle en fer servant de porte-manteau et à laquelle les élèves suspendent leurs vêtements. Dans la salle de lavabos, l'eau de lavage des récipients tombe directement sur le sol et passe à travers les pieds des élèves pour s'écouler à l'extérieur au moyen de pentes ménagées à cet effet ; c'est là une disposition aussi primitive que peu convenable. La lingerie ne contient que le linge propre. Les ateliers de raccommodage et de repassage sont établis dans le sous-sol.

L'infirmerie occupe au deuxième étage trois salles, l'une pour les malades en commun, l'autre pour les malades

---

(1) L'école reçoit en outre quelques élèves externes.

isolés. Ces salles sont séparées l'une de l'autre par la tisanerie et la chambre de l'infirmier *(fig. 77)*.

De vastes greniers et magasins disposés dans les combles servent de dépôt aux approvisionnements de toutes sortes et au matériel scolaire.

Les logements des fonctionnaires sont au nombre de trois, celui du directeur, celui du sous-directeur, et celui de l'économe.

Le logement du directeur comprend quatre pièces au rez-de-chaussée et huit au premier étage. Ce logement est relativement luxueux, on y trouve non seulement un grand et un petit salon mais même une pièce spéciale (Wohnstube) consacrée aux réceptions de la femme du directeur. Le logement du sous-directeur comprend trois pièces et deux cabinets placés au rez-de-chaussée. Quant au logement de l'économe, il ne se compose que de trois pièces placées au deuxième étage. Les maîtres habitant l'école ont à leur disposition une chambre et un cabinet.

La construction est en pierres de taille appareillées avec soin, les profils sont simples et nettement tracés, de grands pignons accusent les extrémités des bâtiments, l'ensemble général affecte la prétention peu justifiée de rappeler l'architecture gothique du bords du Rhin.

L'école normale de Neuwied est regardée comme une des mieux installée de l'Allemagne. La disposition donnée aux bâtiments a permis de réunir d'une façon régulière et convenable les services dépendants les uns des autres. Les logements, chambres de maîtres et surveillants sont répartis sur divers points de l'établissement et assurent la surveillance rendue encore plus facile par la division des élèves en groupes peu nombreux répartis dans des études, classes et dortoirs de petites dimensions.

ÉCOLE NORMALE PRIMAIRE D'INSTITUTRICES

(Schullehrer-Seminares)

à *Neuwied, Prusse-Rhénane.*

Fig. 76.

PLAN DU PREMIER ÉTAGE

1. Galerie.
2. Salles de dessin.
3. Cinquième classe.
4. — étude.
5. Logement du maître-adjoint.
6. Salle de conférences.
7. Salles de collections.
8. Bibliothèque.
9. Salle de lecture.
10. Salle de travail des maîtres.
11. Salle de réunion des maîtres.
12. Salle de répétitions.
13. Logement du directeur.
14. Privés.
15. Salle d'assemblée.
16. Salle de musique.
17. Logement de l'économe.

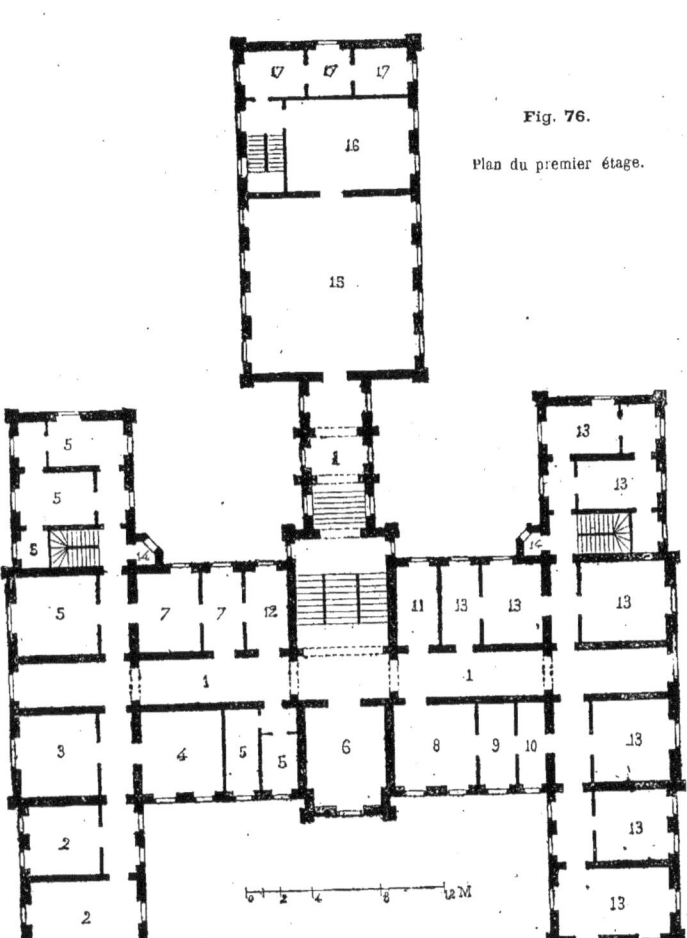

Fig. 76.

Plan du premier étage.

ÉCOLE NORMALE PRIMAIRE D'INSTITUTRICES.
(Schulleher-Seminares)
à *Neuwied* (*Prusse-Rhénane*).

ÉCOLE NORMALE PRIMAIRE D'INSTITUTEURS

(Schullehrer-Seminares)

à *Neuwied, Prusse Rhénane.*

Fig. 77.

PLAN DU DEUXIÈME ÉTAGE.

1. Galeries.
2. Grenier (logement du Directeur.)
3.   —   —   des maîtres.
4. Dortoir 10 élèves ⎫
5.   —   14   —   ⎪
6.   —   12   —   ⎬ 62 élèves.
7.   —   12   —   ⎪
8.   —   24   —   ⎭
9. Lavabos.
10. Dépôt des chaussures.
11. Vestiaire.
12. Lingerie.
13. Infirmerie.
14. Privés.
15. Magasin général.
16. Magasin de l'économat.

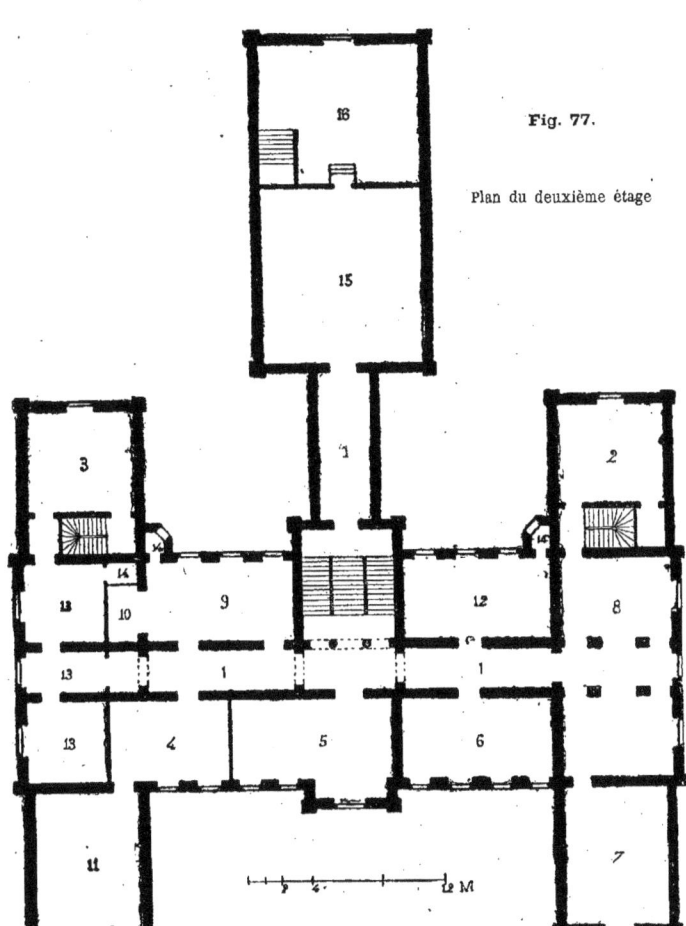

Fig. 77.

Plan du deuxième étage

ÉCOLE NORMALE PRIMAIRE D'INSTITUTRICES
(Schullehrer-Seminares)
à *Neuwied (Prusse Rhénane)*.

Ce qu'il faut énergiquement reprocher à l'école de Neuwied, par exemple, c'est le manque absolu d'entretien, l'absence de soins et de propreté.

XIX

ÉCOLE NORMALE PRIMAIRE D'INSTITUTEURS
(Schullehrer Seminar)
à Nagold (Wurtemberg) (1).

Le gouvernement de Wurtemberg prit, il y a quelques années, le parti d'élever une école normale modèle, satisfaisant dans ses dispositions intérieures à toutes les prescriptions modernes, et offrant la réunion de toutes es améliorations reconnues utiles et profitables aux établissements scolaires. Une commission désignée à cet effet et composée d'un architecte, d'un directeur d'école normale et d'un fonctionnaire de l'administration de l'instruction publique, fut chargée de visiter celles des écoles normales d'Europe connues pour devoir offrir quelque intérêt ou présumées pouvoir être l'objet d'une étude fructueuse (2).

A son retour, cette commission fit connaître le résultat de ses travaux et de ses recherches (3), un programme fut arrêté par l'administration et un architecte (4) chargé d'étudier le projet qui devait en assurer la réalisation.

---

(1) M. Fauler, architecte, à Stuttgard.
(2) Les écoles normales françaises n'ont été l'objet d'aucune mention de la part de cette commission.
(3) Nous venons en France de décider la construction non pas d'une école normale mais de 100 écoles normales, et nous n'avons pas même pris le soin de savoir préalablement au juste de quoi devait se composer une école normale et comment elle devait être disposée.
(4) M. Fauler.

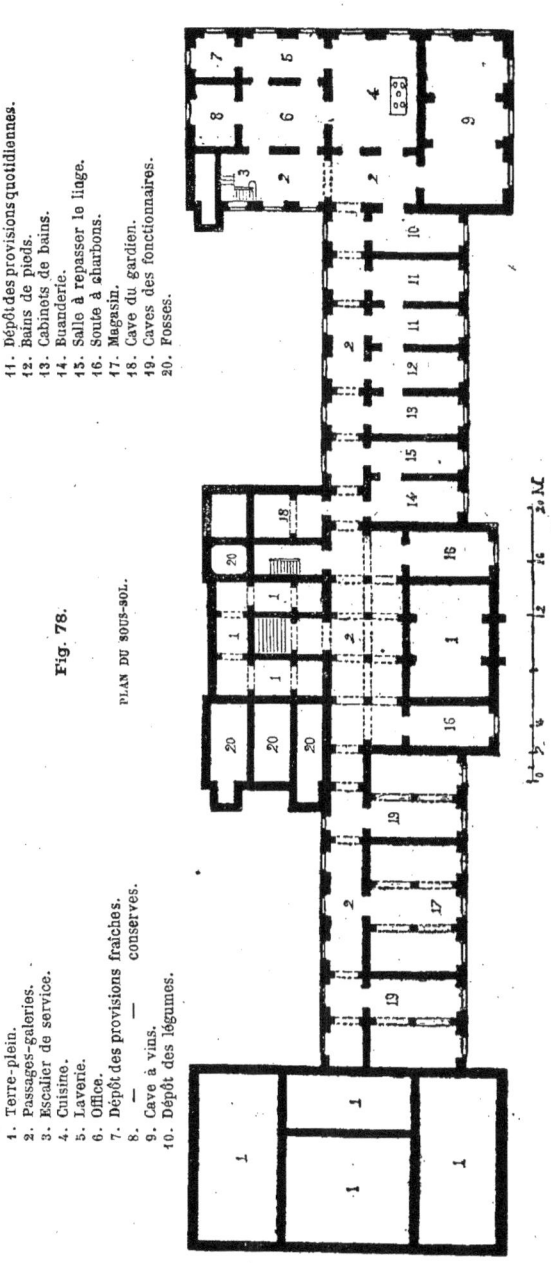

Fig. 78.

PLAN DU SOUS-SOL.

1. Terre-plein.
2. Passages-galeries.
3. Escalier de service.
4. Cuisine.
5. Laverie.
6. Office.
7. Dépôt des provisions fraîches.
8. — — conserves.
9. Cave à vins.
10. Dépôt des légumes.
11. Dépôt des provisions quotidiennes.
12. Bains de pieds.
13. Cabinets de bains.
14. Buanderie.
15. Salle à repasser le linge.
16. Soute à charbons.
17. Magasin.
18. Cave du gardien.
19. Caves des fonctionnaires.
20. Fosses.

ÉCOLE NORMALE PRIMAIRE D'INSTITUTEURS.
(Schullehrer-Seminar)
A Nagold (Wurtemberg).

Les travaux commencés en 1878 sont aujourd'hui à peu près complètement achevés ; ce n'est donc pas un projet, mais une œuvre terminée que nous mettons sous les yeux du lecteur.

L'école de Nagold est destinée à recevoir 120 élèves, ses bâtiments, non compris les annexes et dépendances, couvrent une surface de 1,800 mètres. La dépense à laquelle s'élèveront les travaux sera de 640,000 marks, à peu près 802,000 francs (1), soit donc pour chacun des 120 élèves une dépense moyenne de 6,700 francs environ (2).

Le bâtiment principal suit une longue ligne droite coupée seulement par les légères saillies d'un avant-corps au centre et celle de deux pavillons en aile aux extrémités. Les deux faces opposées des bâtiments reçoivent donc sans obstacle l'air et la lumière. Les constructions sont simples en profondeur; elles s'élèvent sur sous-sol *(fig. 78)* d'un rez-de-chaussée et de deux étages carrés. Dans les cours de récréation sont des privés, une salle de gymnastique et un abri couvert.

Un grand vestibule précédé d'un perron donne accès à l'école *(fig. 79)* ; à gauche est le parloir, à droite le gardien dont le logement et celui des famulus (3) se trouvent en face à l'entresol ménagés près des escaliers des étages. De l'autre

---

(1) Le mark allemand vaut 1 fr. 25 c. de notre monnaie.
(2) Cette dépense a été ainsi répartie :
                                                          marks
Gros œuvre 550.600
Installation intérieure, mobilier. 32.700
Salle de gymnastique. 25.000
Etablissement du jardin. 23.600
Bains et bassin de natation 6.000
                                                     Total. . . . 642.900

(3) Nom donné en Allemagne aux domestiques attachés au service des étudiants.

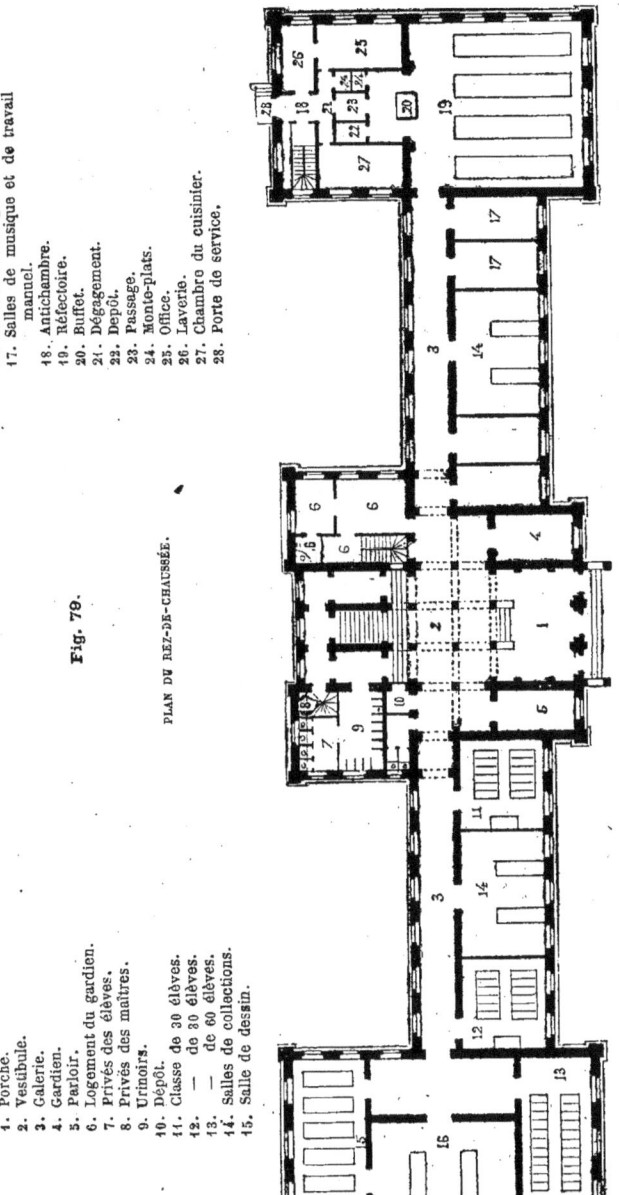

Fig. 79.

PLAN DU REZ-DE-CHAUSSÉE.

ÉCOLE NORMALE PRIMAIRE D'INSTITUTEURS.
(Schullehrer-Seminar)
A *Nagold* (*Wurtemberg*).

1. Porche.
2. Vestibule.
3. Galerie.
4. Gardien.
5. Parloir.
6. Logement du gardien.
7. Privés des élèves.
8. Privés des maîtres.
9. Urinoirs.
10. Dépôt.
11. Classe de 30 élèves.
12. — de 30 élèves.
13. — de 60 élèves.
14. Salles de collections.
15. Salle de dessin.
16. Salle de modelage.
17. Salles de musique et de travail manuel.
18. Antichambre.
19. Réfectoire.
20. Buffet.
21. Dégagement.
22. Dépôt.
23. Passage.
24. Monte-plats.
25. Office.
26. Laverie.
27. Chambre du cuisinier.
28. Porte de service.

côté de cet escalier sont des privés, et urinoirs pour les élèves et les maîtres et un dépôt pour les balais.

Les salles destinées à l'enseignemeut comprennent au rez-de-chaussée deux classes de 30 élèves et un amphithéâtre de 60. Les 120 élèves qui composent le personnel de l'école et qui sont répartis dans 3 salles pour suivre les cours et écouter les leçons du professeur sont au contraire, pour l'étude et le travail, répartis dans 6 salles contenant chacune 15 élèves. Ces études sont garnies de tables à 5 places d'une forme particulière *(fig. 80)* et ont une surface de 50 mètres environ. Elles sont séparées de deux en deux par une pièce dans laquelle se tient un maître répétiteur. Les élèves restent donc libres de travailler à leur guise ; la présence du maître répétiteur a pour objet d'aider ceux des élèves qui auraient besoin d'un conseil.

Les autres salles consacrées à l'enseignement se composent au rez-de-chaussée d'une salle de dessin et d'une salle de modelage, de deux salles de collections, de deux salles de musique et de deux salles d'ouvrages manuels; au premier étage, d'une classe supplémentaire pour répétitions, d'une salle de conférences et d'une bibliothèque, près de laquelle se trouve le cabinet du directeur. L'histoire naturelle, la physique et la chimie sont enseignées dans les salles de collections du rez-de-chaussée, le petit nombre d'élèves qui se trouve réuni pour les leçons de ce genre, rend inutiles les amphithéâtres et les grandes salles.

Les maîtres ont au premier étage une salle de travail et de réunion ; quant à la grande salle d'assemblée elle se trouve au deuxième étage.

Le service des cuisines occupe presque tout le sous-sol; il comprend la grande cuisine, le lavoir, l'office, des dépôts pour les provisions fraîches et les provisions con-

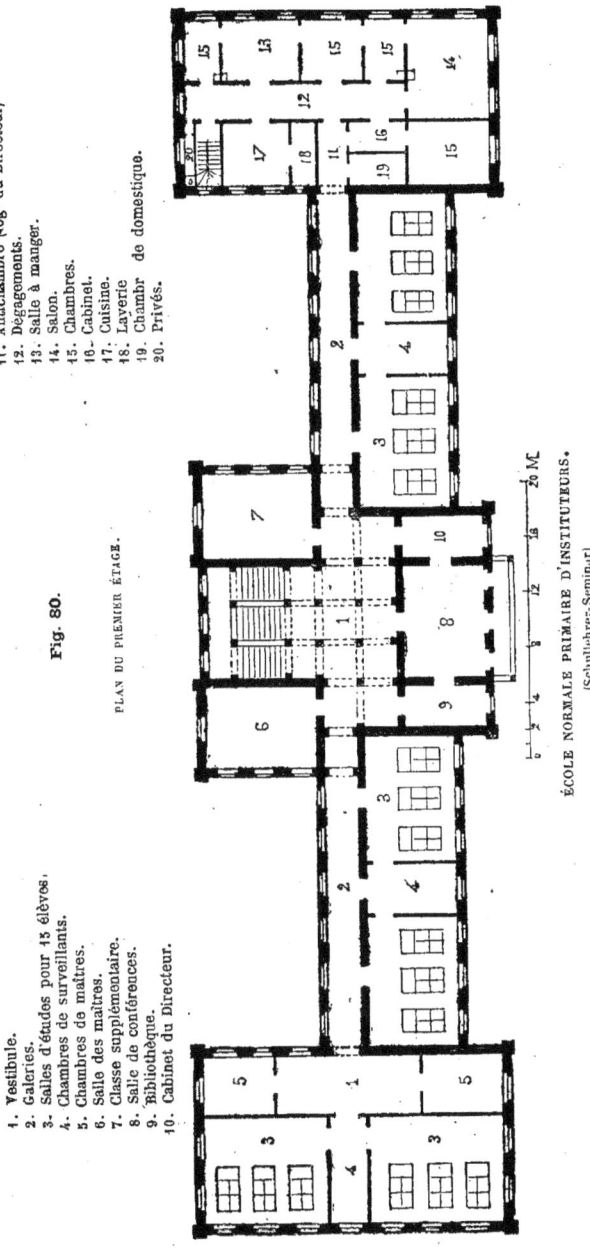

Fig. 80.

PLAN DU PREMIER ÉTAGE.

1. Vestibule.
2. Galeries.
3. Salles d'études pour 15 élèves.
4. Chambres de surveillants.
5. Chambres de maîtres.
6. Salle des maîtres.
7. Classe supplémentaire.
8. Salle de conférences.
9. Bibliothèque.
10. Cabinet du Directeur.
11. Antichambre (log⁺ du Directeur).
12. Dégagements.
13. Salle à manger.
14. Salon.
15. Chambres.
16. Cabinet.
17. Cuisine.
18. Laverie.
19. Chambr. de domestique.
20. Privés.

ÉCOLE NORMALE PRIMAIRE D'INSTITUTEURS.
(Schullehrer-Seminar)
A Nagold (Wurtemberg).

servées, une salle pour la préparation des légumes, une autre pour les provisions rapportées du marché, puis les caves à vin, à bière, les soutes à charbon, etc... en outre au rez-de-chaussée près du réfectoire sont réservés une laverie et un dépôt pour la vaisselle et la verrerie ce qui évite de les descendre au sous-sol. Ce service des cuisines est complété par un monte-plat et par une chambre pour le cuisinier-chef. — Les plats montent de la cuisine et sont dressés sur un buffet ménagé au fond du réfectoire et de là servis sur les tables autour desquelles s'asseyent les maîtres et les élèves au nombre de 140.

Les bains se donnent aux élèves non seulement dans les salles à bains de pieds et dans les cabines à grands bains du sous-sol, mais encore dans un bassin de natation; on trouve aussi dans le sous-sol la buanderie, la salle à repasser et à raccommoder le linge.

Les dortoirs occupent au 2me étage *(fig. 81)* un emplacement exactement semblable à celui réservé aux études au 1er étage; ils ont les mêmes dimensions, sont disposés de même; on en compte six, chacun occupé par 15 lits; entre deux dortoirs est ménagée une chambre de surveillant. Deux dortoirs ont en outre une salle à lavabos et un vestiaire communs. Dans les entresols ménagés auprès des escaliers sont disposées des salles pour le nettoyage des chaussures et le brossage des vêtements.

L'infirmerie, placée au même étage que les dortoirs, compte une série de pièces à destinations distinctes : deux salles pour les malades en commun, une pour les malades isolés, une chambre d'infirmier, des privés, un dépôt, une tisanerie-pharmacie et une salle de consultations pour les malades non alités.

Près de l'infirmerie, mais desservis par un escalier

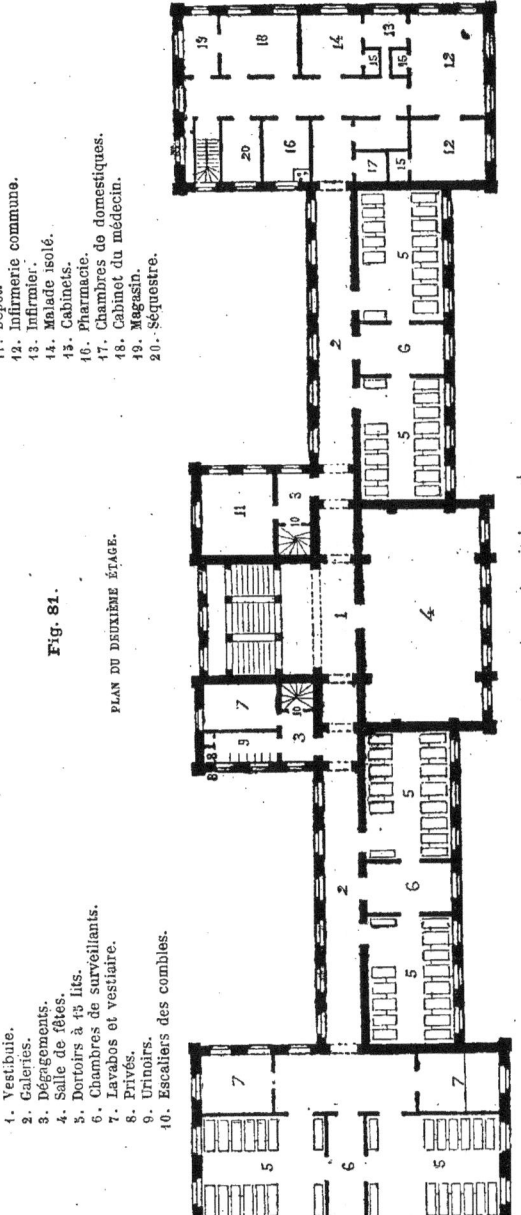

Fig. 81.

PLAN DU DEUXIÈME ÉTAGE.

1. Vestibule.
2. Galeries.
3. Dégagements.
4. Salle de fêtes.
5. Dortoirs à 15 lits.
6. Chambres de surveillants.
7. Lavabos et vestiaire.
8. Privés.
9. Urinoirs.
10. Escaliers des combles.
11. Dépôt.
12. Infirmerie commune.
13. Infirmier.
14. Malade isolé.
15. Cabinets.
16. Pharmacie.
17. Chambres de domestiques.
18. Cabinet du médecin.
19. Magasin.
20. Séquestre.

ÉCOLE NORMALE PRIMAIRE D'INSTITUTEURS.
(Schullehrer-Seminar)
A *Nagold (Wurtemberg).*

Fig. 82.

Élévation du pavillon central.

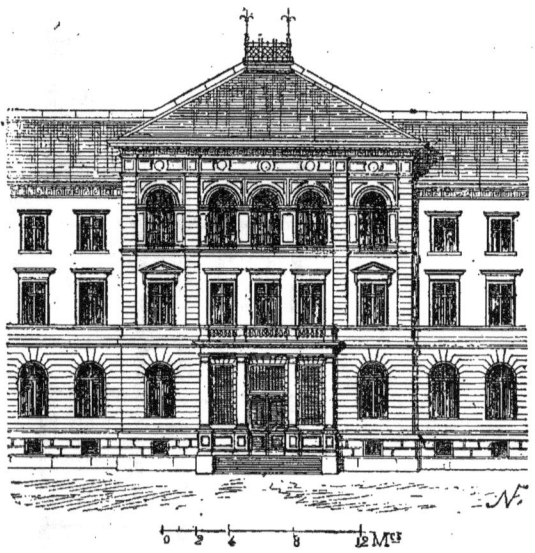

ÉCOLE NORMALE PRIMAIRE D'INSTITUTEURS
(Schullehrer Seminar)
à *Nagold* (*Wurtemberg*).

Fig. 83.

Coupe transversale.

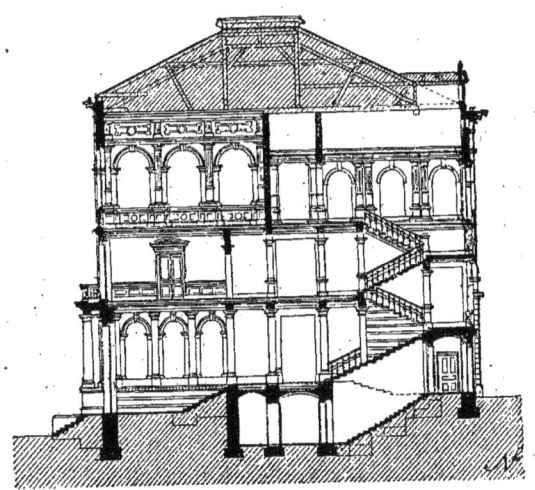

ÉCOLE NORMALE PRIMAIRE D'INSTITUTEURS
(Schullehrer Seminar)
à *Nagold* (*Wurtemberg*).

spécial, se trouvent les magasins du matériel scolaire et la chambre de séquestre (1).

Le directeur est le seul fonctionnaire logé à l'école. Son logement placé au premier étage du pavillon de droite, entre le réfectoire au-dessous et l'infirmerie au-dessus, comprend une antichambre, une cuisine, une laverie, une salle à manger, un salon, une chambre à coucher, un cabinet et une chambre de domestique.

Le chauffage des salles s'opère au moyen d'un calorifère à vapeur d'eau servant en même temps à la ventilation. Les galeries, escaliers et vestibules sont chauffés au moyen d'un calorifère à eau chaude; quant aux pièces de moindre importance, ou celles dont l'habitation n'est que temporaire, elles sont munies d'un des grands poêles en faïence en usage dans le Nord.

La *fig. 82* montre les dispositions générales adoptées pour le pavillon central dont la façade a plus d'importance que celles des autres. La coupe *(fig. 83)* indique les hauteurs d'étages et le parti adopté pour le développement du grand escalier.

L'école normale de Nagold est la mieux installée et la plus complète de toutes celles que nous avons jusqu'à présent passées en revue. Nous ne pouvons assez louer le parti franc, net, accusé de son plan, remarquable par son extrême simplicité. L'école de Nagold offre des dispositions nouvelles fort ingénieuses qui sont d'une application facile et qui dans la pratique ont donné les plus heureux résultats.

---

(1) L'école de Nagold est la seule école normale dans laquelle nous ayons trouvé une salle de ce genre servant de prison pour recevoir les élèves en punition.

Écoles normales primaires en Autriche.

XX

ÉCOLE NORMALE PRIMAIRE MIXTE
à *Klagenfurth*.

Klagenfurth, capitale de la Carinthie, est une petite ville de 1,600 habitants, située près du lac de Wœrth. La ville autrefois fortifiée est aujourd'hui ouverte, ses défenses ont été rasées en 1809, par les Français et à leur place ont été créées de belles et riantes promenades d'où l'on jouit d'une vue splendide sur la campagne.

L'école normale s'élève dans la partie nouvelle de la ville. Cette école est mixte et ne reçoit que des élèves externes, double condition qui a donné lieu à des dispositions particulières essentiellement différentes de celles que nous avons déjà vues dans d'autres écoles. La disposition intérieure offre comme partie générale, une cour centrale entourée de galeries latérales. Cette cour et ces galeries desservent tous les services et donnent au plan une forme spéciale bien caractérisée.

Le bâtiment est élevé d'un rez-de-chaussée et de deux étages dans la partie centrale et d'un étage seulement dans les ailes.

Au rez-de-chaussée *(fig. 84)*, se trouvent quatre salles de travail pour les filles et autant pour les garçons, une salle de maîtres ou de maîtresses, puis trois salles communes aux élèves des deux sexes, une salle de musique, une salle de dessin et une bibliothèque.

Le premier étage *(fig. 85)*, est occupé par trois salles de

ÉCOLE NORMALE PRIMAIRE MIXTE

à *Klagenfurth (Autriche)*.

Fig. 84.

PLAN DU REZ-DE-CHAUSSÉE

1. Entrée-vestiaire des élèves instituteurs.
2. Classes des élèves instituteurs.
3. Salle des maîtres et maîtresses.
4. Privés.
5. Entrée-vestiaire des élèves institutrices.
6. Classes des élèves institutrices.
7. Privés.
8. Galeries.
9. Cour.
10. Bibliothèque.
11. Salle de musique.
12. Salle de dessin.

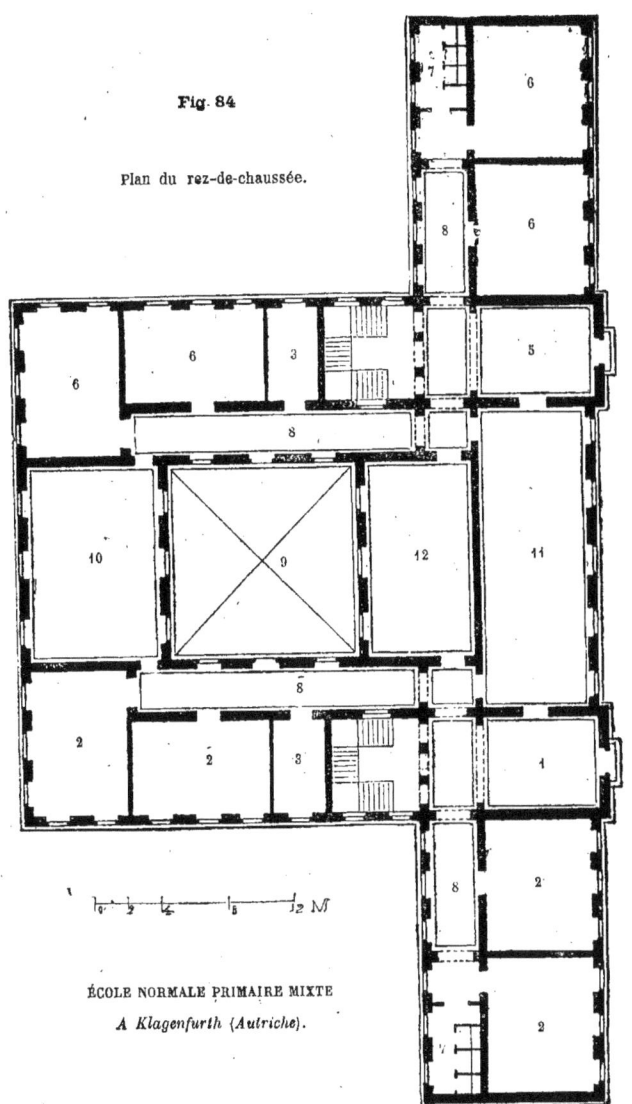

Fig. 84

Plan du rez-de-chaussée.

ÉCOLE NORMALE PRIMAIRE MIXTE
A *Klagenfurth (Autriche)*.

ÉCOLE NORMALE PRIMAIRE MIXTE

à Klagenfurth (Autriche).

Fig. 85.

PLAN DU PREMIER ÉTAGE.

1. Vestibule.
2. Galeries.
3. Cabinet du Directeur.
4. Salle d'attente.
5. Cour.
6. Collections d'histoire naturelle — Instruments de physique.
7. Salle d'assemblée et d'examens.
8. Classes. — Salles de travail des élèves instituteurs.
9. Amphithéâtre.
10. Laboratoire de chimie.
11. Privés.
12. Classes. — Salles de travail des élèves institutrices.
13. Amphithéâtre.
14. Laboratoire de chimie.
15. Privés.
16. Matériel scolaire.

Fig. 85.

Plan du premier étage.

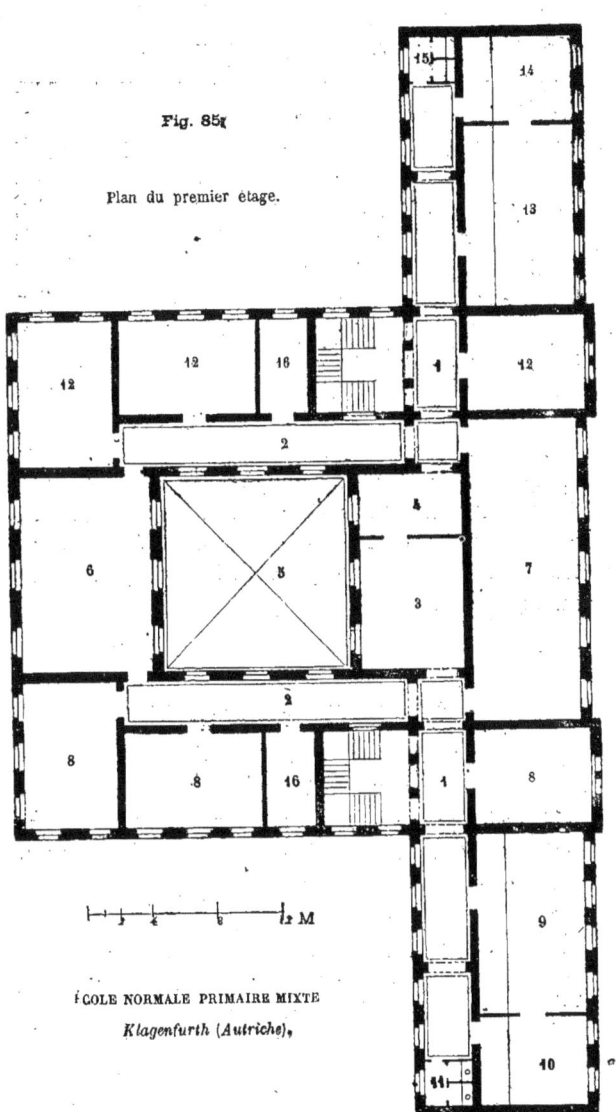

ÉCOLE NORMALE PRIMAIRE MIXTE
Klagenfurth (Autriche).

travail pour les filles et autant pour les garçons, par un amphithéâtre avec laboratoire de chimie et cabinet d'instruments de physique, un dépôt de matériel scolaire, puis par le cabinet du directeur, précédé d'une salle d'attente et enfin par deux salles communes, l'une pour les collections, l'autre pour les réunions générales de tous les élèves de l'école.

Au deuxième étage a pris place une importante collection d'objets et d'instruments relatifs à l'enseignement des sciences physiques et naturelles et de l'agriculture.

Des services-annexes et le logement d'un gardien sont ménagés dans le sous-sol et sous les combles.

L'école de Klagenfurth est très simple de dispositions; la suppression de toutes les salles nécessaires au service d'un internat a permis de singulièrement réduire les dimensions et l'importance de ses constructions; elle est toutefois mieux et plus complètement installée que les écoles suisses (1) du même genre.

XXI

ÉCOLE NORMALE PRIMAIRE MIXTE

(Pædagogium)

A Vienne (2) *(Autriche).*

L'école normale de Vienne est mixte et ne reçoit que des élèves externes (3); elle s'élève en bordure de trois rues,

---

(1) Voir les fig. 62 à 68.

(2) M. Arnberger directeur du bureau des constructions de la ville.

(3) Voici en quels termes M. Buisson, directeur de l'enseignement primaire au ministère de l'instruction publique, parle de l'école normale de Vienne dans son remarquable rapport sur l'instruction primaire à l'Exposition universelle de Vienne en 1873 :

« Le pædagogium est une des fondations les plus considérables de la la Hegelgasse, la Tiethegasse et la Schellingasse et occupe une surface de 1,360 mètres dont 1,044 seulement sont couverts de constructions; le reste forme une cour servant aux récréations des élèves.

Elle a été construite en 1870 et 1871 et comprend un grand corps de bâtiment élevé sur sous-sol d'un rez-de-chaussée et de trois étages carrés.

Une grande galerie traverse le bâtiment dans toute sa longueur, dessert les principaux services, passe au pied des deux grands escaliers et aboutit aux portes ouvertes sur des voies opposées.

L'une de ces portes est réservée aux garçons, l'autre aux filles. Une autre porte établie dans la galerie sépare les élèves des deux sexes et distingue les services communs de ceux exclusivement consacrés aux garçons ou aux filles.

Cette disposition bien simple, d'une application évidemment très facile, a suffi pour faire éviter tous les inconvénients que dans nos idées françaises nous supposons devoir être inhérents aux écoles mixtes ; aucun abus, aucun danger n'a été signalé comme conséquence du parti adopté à Vienne et cependant les mœurs viennoises jouissent à tort ou à raison d'une réputation qui pouvait donner quelques inquiétudes à ce sujet.

Près de chaque entrée du rez-de-chaussée *(fig. 86)* est un vestiaire pour les élèves; le long de la galerie s'ouvrent

---

commune de Vienne. L'édifice a un développement de 50 mètres sur 26... La beauté des escaliers et des corridors larges et clairs, l'aménagement, la ventilation et l'éclairage des salles de classes, la hauteur des pièces, le soin apporté aux détails de la construction, tout montre que la ville de Vienne en fondant cet établissement unique en son genre, a voulu que l'exécution matérielle fût aussi grandiose que la conception pédagogique est originale. »,

ÉCOLE NORMALE PRIMAIRE MIXTE

Pædagogium

à Vienne (Autriche).

Fig. 86.

PLAN DU REZ-DE-CHAUSSÉE.

Quartier des garçons.

1. Entrée.
2. Vestiaire
3. Cabinet du Directeur.
4. Salle de dessin.
5. Salles de cours.
6. Galeries.
7. Privés.
8. Escalier.
9. Porte de séparation.

Quartier des filles.

10. Entrée.
11. Vestiaire.
12. Salle de dessin.
13. Salles de cours.
14. Galeries.
15. Privés.
16. Escalier.
17. Cour intérieure.
18. Propriétés voisines.

Fig. 86. — Plan du rez-de-chaussée.

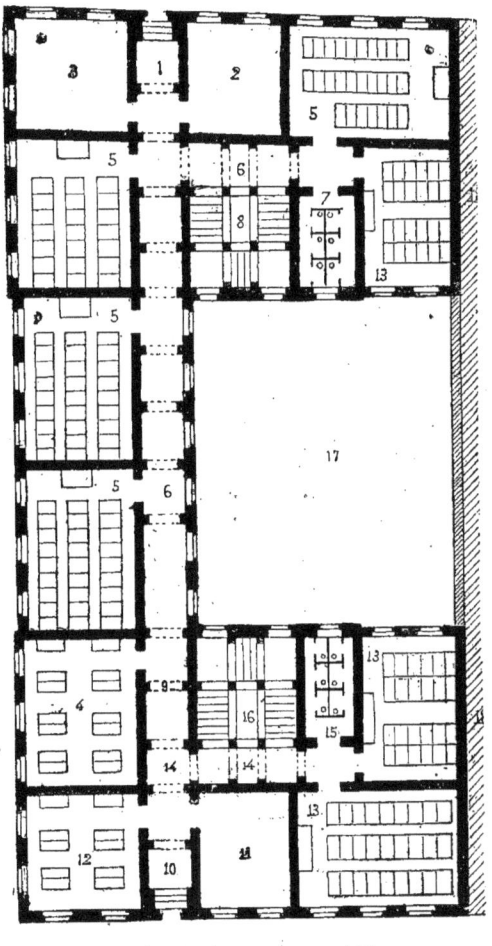

ÉCOLE NORMALE PRIMAIRE MIXTE.
(Pædagogium)
A Vienne (Autriche).

ÉCOLE NORMALE PRIMAIRE MIXTE

Pædagogium

à Vienne (Autriche).

Fig. 87.

PLAN DU PREMIER ÉTAGE

Quartier des garçons.

1. Galeries.
2. Escalier.
3. Privés.
4. Salles de cours.
5. Salle de conférences.
6. Porte de séparation.

Quartier des filles.

7. Galeries.
8. Escalier.
9. Privés.
10. Salles de cours.
11. Salle de conférences.
12. Cour.

Fig. 87. — Plan du premier étage.

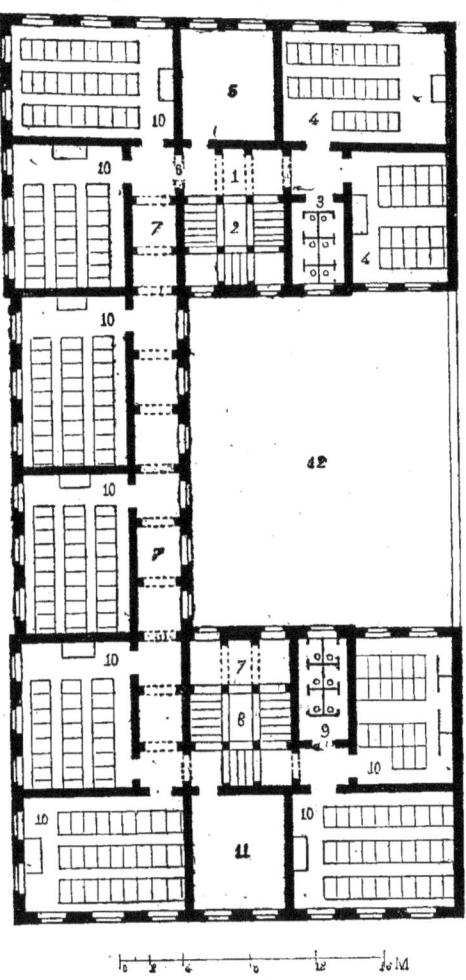

ÉCOLE NORMALE PRIMAIRE MIXTE
(Pædagogium)
à Vienne (Autriche).

ÉCOLE NORMALE PRIMAIRE MIXTE

Pædagogium

à *Vienne (Autriche).*

Fig. 88.

PLAN DU DEUXIÈME ÉTAGE

Quartier des garçons.

1. Galerie.
2. Escalier.
3. Privés.
4. Salles de cours.
5. Matériel scolaire.

Quartier des filles.

6. Galeries.
7. Escalier.
8. Privés.
9. Salles de cours.

Logement du directeur

10. Antichambre.
11. Cuisine.
12. Chambre à coucher.
13. Cabinets.
14. Chambre de domestique.

15. Grande salle d'assemblée.

Fig. 88. — Plan du deuxième étage.

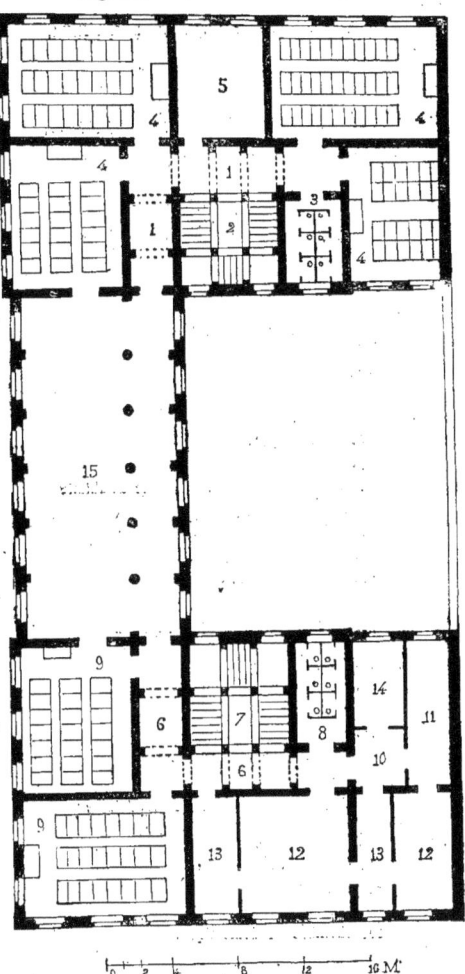

ECOLE NORMALE PRIMAIRE MIXTE
(Pædagogium)
à Vienne (Autriche).

ÉCOLE NORMALE PRIMAIRE MIXTE

Pædagogium

à *Vienne (Autriche).*

Fig. 89.

PLAN DU TROISIÈME ÉTAGE.

1. Galeries.
2. Escaliers.
3. Privés.
4. Bibliothèque.
5. Salle de collections.
6. Amphithéâtre de physique et de chimie.
7. Laboratoire de chimie.
8. Cabinet de physique.
9. Classe de géographie.
10. Salles de cours.

Logement du maître supérieur

11. Antichambre.
12. Chambres à coucher.
13. Cabinet.
14. Cuisine.
15. Chambre de domestique.

Logement de la maîtresse supérieure.

16. Antichambre.
17. Chambres à coucher.
18. Cabinet.
19. Cuisine.
20. Chambre de domestique.

Fig. 89. — Plan du troisième étage.

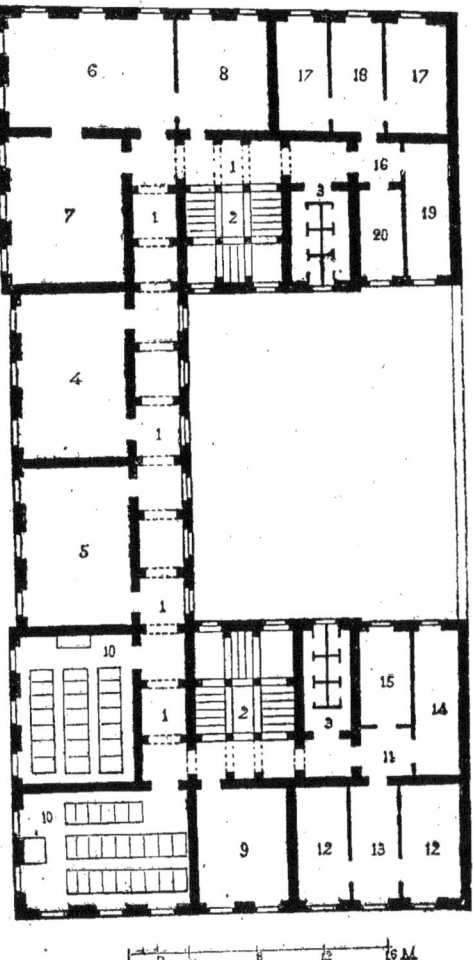

ÉCOLE NORMALE PRIMAIRE MIXTE
(Pædagogium)
à *Vienne (Autriche)*.

une série de classes, et les salles de dessin. Les privés sont intérieurs et placés en arrière de l'escalier.

La même distribution se répète aux différents étages. Au premier se trouvent *(fig. 87)*, outre les classes ordinaires, les salles de travail et de conférence; au deuxième, les salles de cours *(fig. 88)*, le logement du directeur et la salle d'assemblée (Aula), au troisième *(fig. 89)*, la bibliothèque, la salle de collections, l'amphithéâtre, le laboratoire de chimie, le cabinet de physique, une salle spéciale pour le cours de géographie et deux logements de maîtres supérieurs.

Les façades *(fig. 90)* ont l'aspect monumental des constructions du nouveau Vienne. La coupe *(fig. 91)* indique les hauteurs d'étage, les différences de niveau entre la cour et les voies publiques et le développement de l'escalier qui monte au-dessus des combles jusqu'à un observatoire où se font les observations météorologiques.

Le pædagogium de Vienne est une œuvre très complète et très étudiée, ses installations intérieures, son aménagement, le nombre et la dimension des diverses salles qui le composent (1) en font un établissement remarquable, digne d'être étudié dans son ensemble et dans ses détails.

---

(1) L'école normale de Vienne est un simple externat. Sans vouloir préconiser la création d'établissements de ce genre et leur application à nos écoles normales, il est bon de remarquer que les écoles professionnelles récemment installées dans plusieurs de nos villes de province (Lille par exemple), ne sont le plus souvent que des externats. Les élèves logent chez leurs parents ou dans des pensionnats libres. L'âge des élèves des écoles professionnelles, leur condition sociale leur situation, sous tous les rapports, est analogue à celle des élèves des écoles normales. Pourquoi alors, ce qui convient si bien aux uns ne conviendrait-il pas du tout aux autres, et pourquoi enfin ne pas laisser à ce sujet une grande latitude aux administrations départementales?

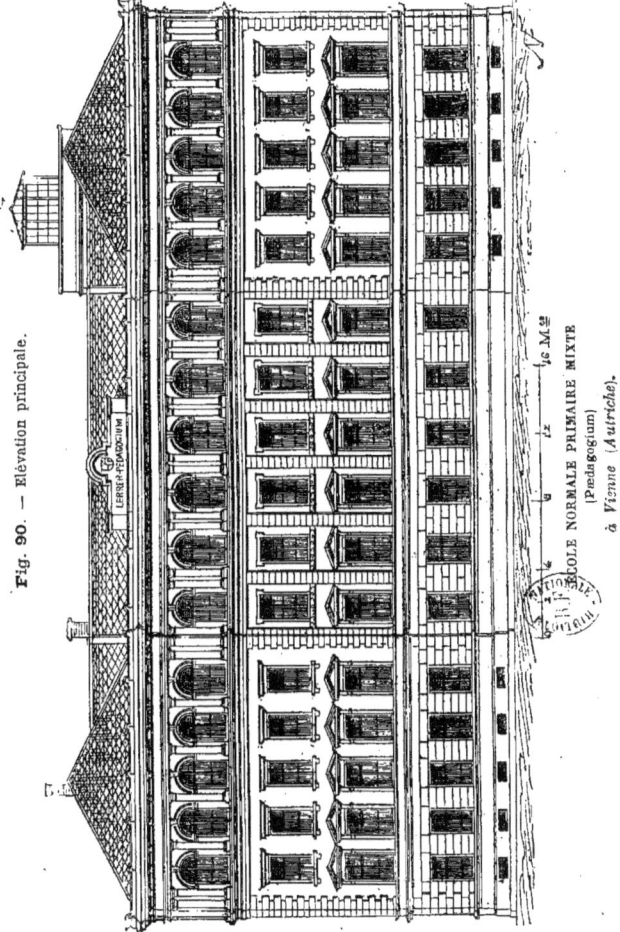

Fig. 90. — Elévation principale.

ÉCOLE NORMALE PRIMAIRE MIXTE
(Paedagogium)
à Vienne (Autriche).

ÉCOLE NORMALE PRIMAIRE A VIENNE.

Fig. 91.

Coupe transversale.

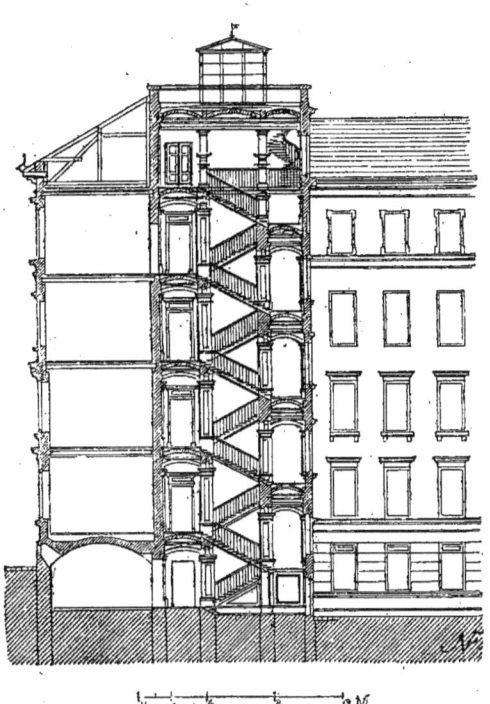

ÉCOLE NORMALE PRIMAIRE MIXTE

(Pædagogium)

à *Vienne (Autriche)*.

La dépense à laquelle ont donné lieu la construction et l'ameublement de l'école s'est élevée à 232,440 florins soit environ 581,100 francs (1).

Écoles normales en Belgique.

ÉCOLES NORMALES PRIMAIRES D'INSTITUTEURS

Programme (2) des règles à suivre pour la construction des locaux nécessaires à l'installation des nouvelles écoles normales, juillet 1866 (3).

L'école normale doit être établie sur un terrain sec, aéré, à l'abri de toute influence mauvaise, pourvu suffisamment de bonne eau potable et abondamment d'eau bonne aux usages de la propreté.

Elle sera séparée de toute autre construction et située de manière que le bruit du dehors ne puisse y troubler l'ordre et le silence.

L'étendue du terrain et des bâtiments sera en rapport avec leur destination.

Le terrain aura une contenance minima d'un hectare.

Les bâtiments construits sur caves comprendront plusieurs pavillons bien orientés reliés entre eux par des galeries.

Les caves seront bien aérées et d'une élévation suffisante.

Il y aura de bons appareils de ventilation dans tous les

---

(1) Le florin d'Autriche vaut 2 fr. 50 c. de notre monnaie.

(2) Ce programme remonte à une époque déjà un peu éloignée, mais comme il a servi de point de départ aux règles adoptées pour la construction des écoles normales de Belgique, il était utile de le connaître ; il contient, en outre, divers renseignements dont le lecteur pourra faire son profit.

(3) Communiqué par M. Sauveur, secrétaire général du ministère de l'instruction publique, à l'obligeance duquel nous devons d'avoir obtenu à plusieurs reprises des documents fort utiles.

locaux affectés à la tenue des classes et à l'usage du pensionnat.

Un paratonnerre défendra le bâtiment contre les décharges électriques.

Pour satisfaire aux besoins des diverses parties du service il faut nécessairement :

1° Trois classes pouvant contenir chacune soixante élèves et qui serviront en même temps de salle d'étude.

2° Une salle pour l'enseignement du dessin.

3° Une salle pour l'enseignement de la musique, disposée de manière que le bruit des voix et des instruments ne trouble pas les études ou les leçons des autres classes. (Les pièces mentionnés ci-dessus auront chacune 96 mètres de superficie, soit 8 mètres sur 12, et $4^m,44$ de hauteur (1).

4° Une salle pour les collections scientifiques et la bibliothèque, avec une pièce attenante destinée à servir de cabinet de lecture et de lieu de réunion pour le personnel enseignant ;

5° Un parloir pour les parents des élèves ;

6° Une salle de gymnastique ;

7° Une grande cour avec galerie couverte pour les récréations. (La cour mesurera de 20 à 25 ares. On la garnira de quelques arbres donnant de l'ombre. Le sol sera battu et tassé. Il sera pourvu à l'écoulement des eaux ménagères de manière à prévenir l'humidité) ;

8° Seize à vingt lieux d'aisance à l'usage des élèves et autant d'urinoirs dans les écoles normales d'instituteurs.

---

(1) Les écoles normales d'institutrices contiendront en outre deux classes pour les élèves appelés à suivre le cours du degré supérieur. Ces classes auront chacune 60 mètres de superficie (5 mètres $\times$ 12 mètres), et $4^m,44$ de hauteur.

Ils seront éloignés des bâtiments et placés de manière à pouvoir être surveillés;

9° Des lieux d'aisance et des urinoirs à l'usage des professeurs;

10° Un jardin avec une habitation pour le jardinier. Le jardin sera clos de murs et il mesurera de 45 à 50 ares;

11° Un bâtiment destiné à la tenue de l'école d'application et réunissant les conditions prescrites par le programme modifié du 26-27 juin 1852. (Ce local contiendra au moins quatre classes);

12° Une cuisine avec dépendances garde-manger, crédences, office, lavoir de cuisine, etc... La cuisine doit être éloignée des classes ainsi que les dortoirs, elle doit être spacieuse, très élevée, bien éclairée, bien ventilée, dallée et pourvue d'un bon système d'écoulement des eaux ménagères;

13° Une boulangerie;

14° Un réfectoire pour 180 élèves (1) présentant $1^m,50$ de surface et 6 à 7 mètres cubes d'air par élève;

15° Les dortoirs nécessaires pour 180 lits (2) avec chambres de surveillants (les dortoirs seront percés dans leur longueur de fenêtres placées en face les unes des autres. Il y aura des cheminées pour aider au renouvellement de l'air. On réglera les dimensions des dortoirs, de manière à avoir au moins 6 mètres de superficie et 30 mètres cubes d'air par élève. Il pourrait y en avoir trois (3) de 60 lits chacun);

15° Un ou deux cabinets d'aisance, inodores, placés à proximité des dortoirs et réservés à l'usage des élèves qui se trouveraient subitement indisposés pendant la nuit;

---

(1) Pour 200 élèves dans les écoles normales d'institutrices.
(2) Pour 200 lits dans les écoles normales d'institutrices.
(3) Quatre de 50 lits dans les écoles normales d'institutrices.

17° Une infirmerie avec ses dépendances, chambre à baignoire, chambre d'infirmière (d'infirmier), etc. (L'infirmerie sera établie dans un corps de bâtiment isolé. Il y aura des chambres dictinctes pour les malades dont l'état donnerait lieu à des craintes de propagation morbide ou réclamerait des soins tout particuliers);

18° Une salle pour les bains de propreté contenant 10 à 15 baignoires séparées par des cloisons (elle sera placée au midi);

19° Des vestiaires ou magasins pour y placer les objets d'habillement et autres appartenant aux élèves.

20° Une buanderie, un séchoir et une lingerie. (La buanderie sera placée au rez-de-chaussée; le sol en sera dallé et incliné vers un caniveau aboutissant à l'aqueduc de la cour);

21° Une maison d'habitation convenable pour le directeur et la directrice avec entrées séparées, cour et jardin s'il est possible. Cette maison sera contiguë à l'école normale, avec toutes les parties de laquelle le directeur ou la directrice doit pouvoir communiquer de son cabinet de travail ;

22° Une maison d'habitation pour la personne chargée de la dépense. Elle sera à proximité de la cuisine et de ses dépendances.

23° Un logement pour le concierge;

24° Deux chambres de domestiques ;

25° Une chapelle pour deux cents ou deux cent vingt personnes.

XXII

ÉCOLE NORMALE PRIMAIRE D'INSTITUTRICES
à *Liège* (1).

L'École normale d'institutrices de Liège est une des grandes écoles normales de l'État ; elle reçoit 160 élèves internes et quelques élèves externes, 20 environ, ces dernières logent chez leurs parents ou dans des pensionnats de la ville.

L'école, commencée en 1871, a été achevée en 1874 ; elle s'élève à l'extrémité de la ville dans un quartier calme et tranquille près des bords de la Meuse. Les bâtiments, cours et annexes, occupent une surface totale de 1 hectare 60 ares.

Les bâtiments s'étendent en longueur sur toute la face du terrain avec trois ailes en retour, disposition qui permet à l'air et à la lumière de franchement pénétrer et de librement circuler dans toutes les parties de l'école *(fig. 92)*. Ces bâtiments ne sont élevés que d'un rez-de-chaussée et d'un étage, pour les constructions en façade; à droite et à gauche l'étage carré est remplacé par un étage sous comble. Les services sont ainsi de plain pied et quoique répartis sur une très grande étendue, ils sont bien plus facilement rattachés les uns aux autres que quand ils se trouvent placés à des étages différents et reliés par des escaliers *(fig. 93)*.

Avant d'entrer dans l'examen des détails, nous devons signaler plusieurs dispositions générales, spéciales à l'école de Liège.

Les grandes divisions sont nettement accusées : à gauche

---

(1) M. Desjardins architecte.

l'école annexe ; dans le bâtiment principal les services de l'enseignement ; dans l'axe de ce bâtiment la chapelle ; à gauche, les classes le réfectoire et les cuisines à la suite ; enfin l'infirmerie occupe un bâtiment isolé au milieu du jardin.

L'école annexe comprend une école de garçons, une école de filles, une école gardienne (1) et un jardin d'enfants. L'école de garçons répond à un besoin du quartier et est indépendante de l'école normale; mais l'école de filles, l'école gardienne et le jardin d'enfants ont pour but de mettre les futures institutrices à même de s'exercer à l'enseignement, de s'initier à la pratique des soins matériels qu'exige l'enfance, devoirs qu'elles auront un jour mission de faire comprendre à leurs élèves. Il y a là une idée nouvelle dont nous ferons sagement de tenir compte.

La chapelle consacrée aux exercices religieux occupe la partie centrale des bâtiments. Cette chapelle a des dimensions restreintes. Deux tribunes latérales augmentent sa surface en cas de besoin. Ce n'est pas là un monument à part d'une importance exagérée comme nos écoles de France montrent quelques exemples, c'est une salle dont la décoration *(fig. 96)* fait connaître le but et l'intérêt et qui respecte les convenances tout en se renfermant dans de sages limites.

L'infirmerie, par suite d'une disposition très heureuse, occupe un bâtiment isolé. Au rez-de-chaussée sont le service des bains, le cabinet de consultation du médecin et un logement de jardinier; au premier étage sont les chambres pour les malades en commun ou les chambres pour les malades isolés, les chambres pour les infirmiers, etc.,

---

(1) *Les Écoles publiques en Belgique*, Félix Narjoux, Paris.

ÉCOLE NORMALE PRIMAIRE D'INSTITUTRICES
à *Liège (Belgique)*.

Fig. 92.

PLAN GÉNÉRAL.
1. Entrée des élèves.
2. Entrée des voitures.
3. Entrée de service.

Écoles annexes.
4. École gardienne.
5. Jardin d'enfants.
6. École de filles.
7. École de garçons.
8. Préau de l'école gardienne.
9. Préau du jardin d'enfants.
10. Préau de l'école de filles.
11. Préau de l'école des garçons.

École normale.
12. Cour de la directrice.
13. Préau.
14. Jardin botanique.
15. Passage.
16. Direction.
17. Enseignement.
18. Chapelle.
19. Réfectoire.
20. Économat.
21. Jardin de la directrice.
22. Jardin de récréation des élèves.
23. Cuisines.
24. Cour de service.
25. Jardin potager.
26. Infirmerie.
27. Jardin de l'infirmerie.
28. Privés.

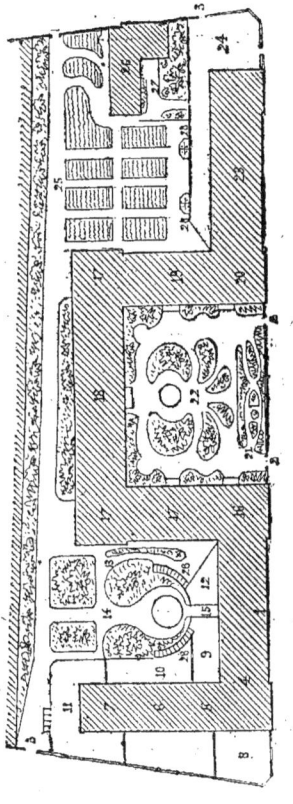

Fig. 92.
Plan général.

ÉCOLE NORMALE PRIMAIRE D'INSTITUTRICES
à Liège (Belgique).

ÉCOLE NORMALE PRIMAIRE D'INSTITUTRICES
à Liège (Belgique).

Fig. 93.

PLAN DU REZ-DE-CHAUSSÉE

École normale.

1. Vestibule.
2. Logement du concierge.
3. Parloir.
4. Salle de réception des parents.
5. Galeries.
6. Salles d'étude et classes.
7. Matériel scolaire.
8. Salle des professeurs.
9. Bibliothèque et collections.
10. Salle de dessin.
11. Salle de musique.
12. Salle de gymnastique.
13. Économat.
14. Bureau de l'économe.
15. Cuisine.
16. Laverie.
17. Salle des domestiques.
18. Office.
19. Dépense.
20. Réfectoire.
21. Dégagement.
22. Salle de repassage du linge.
23. Vestibule du logement du directeur.
24. Cabinet de travail.
25. Salon.
26. Salle à manger.
27. Cuisine.
28. Laverie.

École annex.

29. Galerie de communication.
30. École gardienne.
31. Jardin d'enfants.
32. Classes des filles.
33. Classes des garçons.
34. Vestiaires.

Infirmerie.

35. Vestibule.
36. Consultations du médecin.
37. Pharmacie.
38. Cabinets de bains.
39. Dépôt du linge.
40. Chaudière.
41. Logement du jardinier.
42. Chapelle.
43. Privés.

Fig. 93.

Plan du rez-de-chaussée.

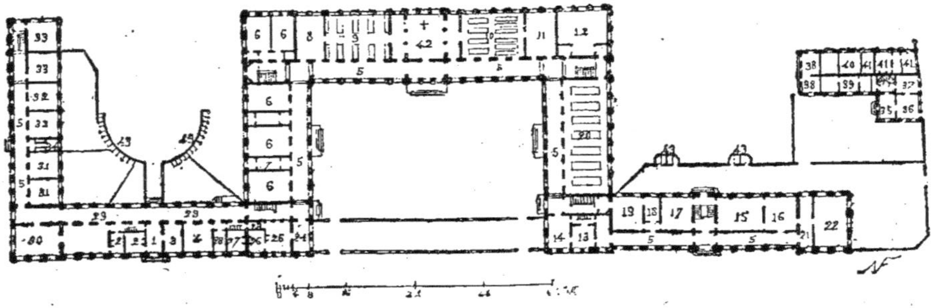

ÉCOLE-NORMALE PRIMAIRE D'INSTITUTRICES
à *Liège (Belgique)*.

ÉCOLE NORMALE PRIMAIRE D'INSTITUTRICES

à Liège (Belgique).

Fig. 94.

PLAN DU PREMIER ÉTAGE.

1. Galeries.
2. Dortoirs pour 52 élèves.
3. Dortoirs pour 29 élèves.
4. Surveillantes.
5. Vestiaire. — Lingerie.
6. Privés.
7. Chambres des professeurs.
8. Chambres de concierge.
9. Classes des garçons de l'école annexe.
10. Tribune de la chapelle.
11. Vestibule du logement de la directrice.
12. Chambre à coucher de la directrice.
13. Chambre de domestique de la directrice.
14. Vestibule du logement de l'économe.
15. Chambre à coucher de l'économe.
16. Dortoir des domestiques.
17. Atelier de couture. Lingerie.
18. Dépôt du linge sale.
19. Magasin général de l'économat.
20. Dépôt.

Infirmerie.

21. Salle pour 8 lits.
22. Chambre pour malade isolé.
23. Chambre de l'infirmière.
24. Chambre de l'aide-infirmier.
25. Privés.
26. Salle de bains.
27. Logement du jardinier.
28. Magasins. — Dépôts et greniers.

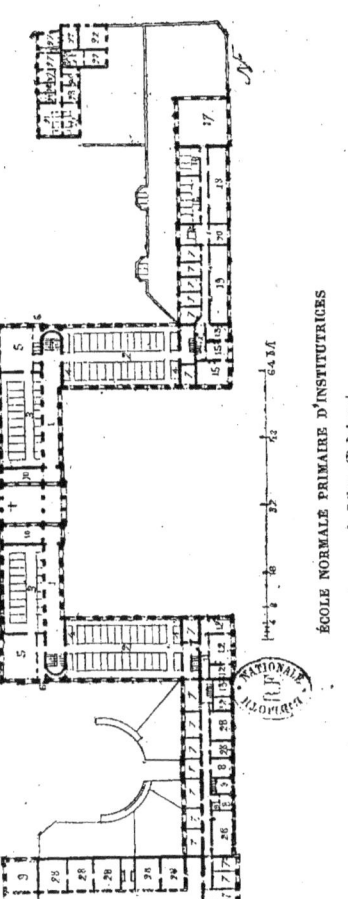

Fig. 94.

Plan du premier étage.

ÉCOLE NORMALE PRIMAIRE D'INSTITUTRICES
à Liège (Belgique).

Fig. 95.

CABINES D'ÉLÈVES.

1. Lits.
2. Cabinets.
3. Toilettes.

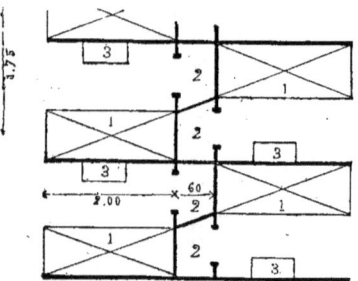

ÉCOLE NORMALE PRIMAIRE D'INSTITUTRICES

à *Liège (Belgique).*

ÉCOLE NORMALE PRIMAIRE A LIÈGE. 253

Fig. 96.

Intérieur de la Chapelle.

ÉCOLE NORMALE PRIMAIRE D'INSTITUTRICES
à *Liège (Belgique)*.

salles éloignées du bruit et du mouvement de la maison et entourées d'arbres et de fleurs.

Les dortoirs ont 5^m,35 de hauteur sous plafond, ils ne se composent pas de grandes salles remplies de lits placés sur trois ou quatre rangs de front. Ils sont au contraire formés d'une suite de cabines dont les cloisons montent à 2 mètres au-dessus du sol et qui contiennent le lit, une table de toilette et en arrière un cabinet porte-manteau *(fig. 94)*. Ces cabinets sont trop dissimulés, la surveillance n'en est pas facile et l'entretien de la propreté ne peut convenablement y être assuré. Le devant des cabines est libre et seulement fermé par une tenture. Ces cabines ont 1^m,75 de large sur 2 mètres de long *(fig. 95)*.

Le grand dortoir compte quatre lignes de cabines. Ce nombre est excessif et nuit à la salubrité, les lits de rangs intermédiaires ne pouvant être convenablement aérés. Un calorifère à eau chaude élève la température des dortoirs à un degré convenable. Les tuyaux de chaleur sont disposés dans des caissons formant socle et régnant le long des murs latéraux.

Les autres services de l'école normale de Liège sont bien installés, mais n'offrent pas le caractère spécial et particulier de ceux que nous venons de signaler. Les classes ont de mauvaises proportions, elles sont trop profondes et la lumière arrive imparfaitement aux élèves placés sur les bancs opposés aux fenêtres.

Les salles de collections, les salles de musique, de dessin, de gymnastique sont vastes, bien aérées et bien éclairées.

Le réfectoire est très grand, il contient 160 places réparties sur sept tables.

Les cuisines ont une entrée directe et indépendante sur la rue et une cour de service en arrière. Outre les pièces

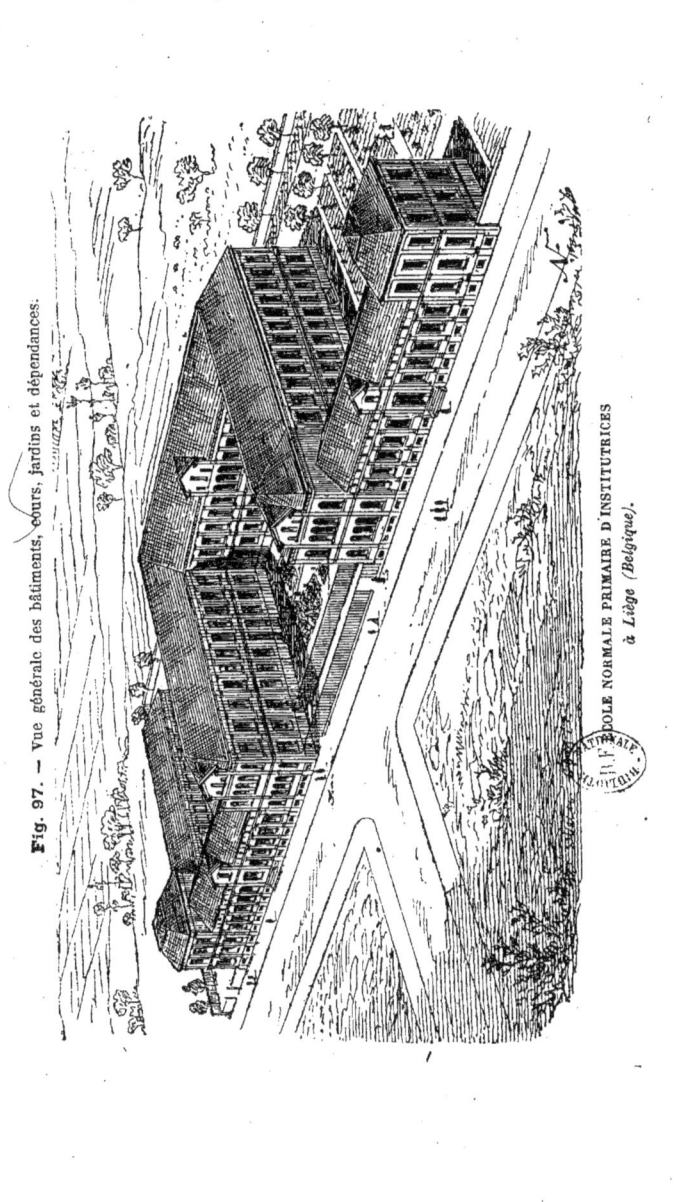

Fig. 97. — Vue générale des bâtiments, cours, jardins et dépendances.

ÉCOLE NORMALE PRIMAIRE D'INSTITUTRICES
à *Liège (Belgique)*.

annexes indispensables, comme laverie, office, dépenses, elles contiennent encore une salle à manger pour les domestiques.

Une autre amélioration notable, utile à signaler dans l'installation de l'école est la création d'un économat. La directrice se trouve ainsi déchargée de tous les soins d'une comptabilité méticuleuse : soins qui absorbent une grande partie du temps des directeurs de nos écoles normales.

La tenue de l'école de Liége est très soignée, le mobilier est confortable, les parquets des dortoirs et des salles sont cirés, le réfectoire et les galeries sont dallés en pierres du pays polies et frottées, la propreté et le bon état de chaque pièce, de chaque meuble, y est remarquable.

La dépense à laquelle a donné lieu la construction de cet important édifice s'est élevée au chiffre de 900,000 francs, le nombre d'élèves que peut contenir l'école étant de 180, la dépense moyenne pour chacun d'eux revient donc à 5,000 francs. Nous donnons (*fig. 97*) l'aspect général des façades.

CHAPITRE IV

PROGRAMME DES CONDITIONS A REMPLIR PAR UNE ÉCOLE NORMALE

Après avoir ainsi passé en revue et examiné dans leur ensemble et dans leurs détails les différents types d'écoles normales de France et de l'étranger, il nous faut de ce travail préparatoire tirer une conclusion pratique propre à servir de base et de point de départ à la rédaction du programme auquel devraient se conformer les écoles normales que nous allons élever en si grand nombre (1).

---

(1) Cette question du programme des écoles normales est si nouvelle et si peu connue que tout récemment, la rédaction du projet de construction d'une école normale, ayant été mise au concours dans un de nos plus grands départements, l'administration préfectorale n'a pu formuler le programme auquel devraient se conformer les concurrents. Au lieu de préciser le nombre des salles et leurs dimensions, elle a dû se contenter de la mention suivante: (Les concurrents devront « étudier les écoles normales les mieux établies et n'adopter que les dispositions recueillies par l'expérience qui leur sembleront les meilleures »):
Ainsi voilà un conseil général qui reconnait l'impossibilité où il se trouve d'indiquer les éléments dont doit se composer son école normale. Il s'en rapporte à cet égard aux architectes dont le rôle devrait se borner à exécuter des ordres, à remplir des instructions. C'est un renversement des rôles, renversement d'autant plus complet qu'il n'est pas possible, comme le suppose le programme en question, d'avoir recours aux précédents et aux fruits de l'expérience, puisque les précédents manquent et que l'expérience n'a encore pu être acquise.
Peut-on cependant blâmer l'administration en question de l'aveu qu'elle

Afin de préciser cette nouvelle partie de notre travail, afin de fixer les idées et de faciliter les explications qui vont suivre, nous avons cru utile non pas de préparer un modèle d'école normale, mais de présenter un ensemble dans lequel chaque service serait installé à sa place et suivant l'importance qui lui convient. Ce n'est pas là un type à reproduire servilement, c'est un programme dessiné qui n'a d'autre but que d'appeler l'attention du lecteur et de faciliter l'intelligence des développements et des explications nécessaires.

Ajoutons encore que si nous avons choisi pour type une école normale d'institutrices, c'est parce que les écoles de ce genre sont celles qui manquent le plus.

Les écoles normales d'instituteurs n'offrent pas, du reste, avec les écoles normales d'institutrices des différences assez sensibles pour que, sauf dans quelques détails, les explications qui s'appliquent aux unes ne puissent pas s'appliquer aux autres.

Les différents services nécessaires au fonctionnement d'une école normale comprennent :

1° L'administration ;
2° L'enseignement ;
3° L'habitation des élèves ;
4° L'habitation des maîtres, directrices et serviteurs ;
5° Les services-annexes (chapelle, gymnase, etc.) ;
6° Les services extérieurs (cours, jardins).

Chacune de ces divisions comprend à son tour les subdivisions suivantes :

---

formule ? Non, certes. Il vaut toujours mieux franchement recourir aux lumières d'autrui que d'indiquer des conditions irréalisables et peu pratiques.

I

ADMINISTRATION

Concierge;
Vestibule;
Parloir;
Cabinet de la Directrice;
Bureau de l'économat;
Salle de la Commission de surveillance;
Salle de réunion des maîtresses.

II

ENSEIGNEMENT

Classe distincte pour les élèves de chaque promotion;
Étude;
Amphithéâtre pour les leçons spéciales;
Laboratoire de chimie;
Cabinet de physique;
Salle pour les ouvrages à l'aiguille;
Bibliothèque;
Salle de collections;
Salle de dessin;
Salle de musique.

Dans le service de l'enseignement il faut aussi faire entrer l'école annexe et ses dépendances.

III

HABITATION DES ÉLÈVES

Dortoirs (lavabos, vestiaires);
Lingerie (salles de repassage et de raccommodage);

ÉCOLE NORMALE PRIMAIRE D'INSTITUTRICES.

Salle de chaussures ;
Infirmerie (salle commune, salle pour malade isolé, chambre de l'infirmier, tisanerie, salle de bains, privés, cabinet de consultation du médecin) ;
Cuisine (laverie, office, dépense, réfectoire des gens, cave, magasin) ;
Réfectoire (office, etc.) ;
Salle et cabinets de bains ;
Buanderie.

IV

HABITATION DES MAITRES

Logement de la directrice ;
— de la sous-directrice ;
— des maîtresses-adjointes ;
— de l'aumônier ;
— des serviteurs.

V

SERVICES-ANNEXES

Chapelle (sacristie) ;
Gymnase ;
Préau couvert ;
Dépôt des malles, — magasin général.

V

SERVICES EXTÉRIEURS

Cour ;
Jardin ;
Observatoire météorologique.

VII

CONDITIONS GÉNÉRALES

Chauffage ;
Ventilation ;
Éclairage ;
Eau ;
Forme extérieure.

Avant de passer à l'examen des détails du plan ci-joint conforme au programme qui précède, il est utile d'en faire connaître les grandes divisions.

L'ensemble des constructions comprend deux corps de bâtiments principaux *(fig. 98)*, dans l'un sont les services de l'enseignement et de l'habitation, dans l'autre les services généraux et le logement de la directrice qui, pour des motifs développés plus loin, doit satisfaire à des conditions spéciales.

Les salles consacrées à l'enseignement et à la vie des élèves sont toutes au rez-de-chaussée *(fig. 99)*. Les élèves descendent le matin du dortoir et durant tout le jour n'ont plus aucune raison pour s'égarer dans les couloirs et escaliers du premier étage. Elles passent d'une salle à l'autre, vont au réfectoire placé dans le bâtiment secondaire au-dessus des cuisines. Elles pénétrent dans la chapelle, le préau, le gymnase sans avoir besoin de sortir, de monter ou de descendre une marche. (L'isolement de ces cuisines empêche les odeurs de se répandre dans l'intérieur.)

Le premier étage *(fig. 100)* est consacré à l'habitation ; il offre le même parti que le rez-de-chaussée, forme un tout entier et homogène. Le logement de la directrice est, au moyen d'une galerie, mis en communication immédiate et directe avec toute cette partie des bâtiments.

Les développements qui vont suivre rendront, du reste, plus sensibles ces premières indications.

I

ADMINISTRATION

L'administration d'une école normale s'entend de tous les services d'un intérêt général nécessaires à sa direction et à son fonctionnement administratif.

Concierge.

Le concierge est chargé de l'ouverture et de la fermeture des portes. Son logement doit donc être placé près de l'entrée, soit dans un bâtiment spécial *(fig. 98)*, soit dans une partie du bâtiment principal, si ce bâtiment est près ou en bordure de la voie publique.

Ce logement comprend le plus souvent une loge, une petite cuisine, une chambre à coucher et un cabinet avec une cave et des privés.

La loge doit être assez grande (4 mètres sur 5 mètres) (1). Il faut que, de sa loge, le concierge puisse facilement surveiller l'entrée de l'école et reconnaître les allants et venants. Cette loge doit être bien installée et très proprement tenue : c'est la première pièce dans laquelle pénètrent tous les visiteurs, et il est à désirer qu'elle produise sur eux une favorable impression.

---

(1) Nous croyons utile de donner les dimensions des principales pièces. Mais cette indication ne peut être regardée que comme un renseignement approximatif et non comme une règle absolue. Les dimensions des pièces varient du reste naturellement avec l'importance de l'école.

ÉCOLE NORMALE PRIMAIRE D'INSTITUTRICES

Fig. 98.

PLAN GÉNÉRAL

1. Entrée de l'école normale.
2. Entrée de l'école annexe.
3. Entrée de service.
4. Cour de l'école normale.
5. Cours de service.
6. Passage de l'école annexe.
7. Cour de l'école annexe.
8. Cour de l'asile.
9. Jardin potager.
10. Bâtiments de l'école normale.
11. Bâtiments de l'école annexe et de l'asile.
12. Concierge.
13. Observatoire météorologique.
14. Privés.
15. Hangar.
16. Réservoir.
17. Voies publiques.
18. Propriétés particulières.

ÉCOLE NORMALE PRIMAIRE D'INSTITUTRICES.

Fig. 98. — Plan général.

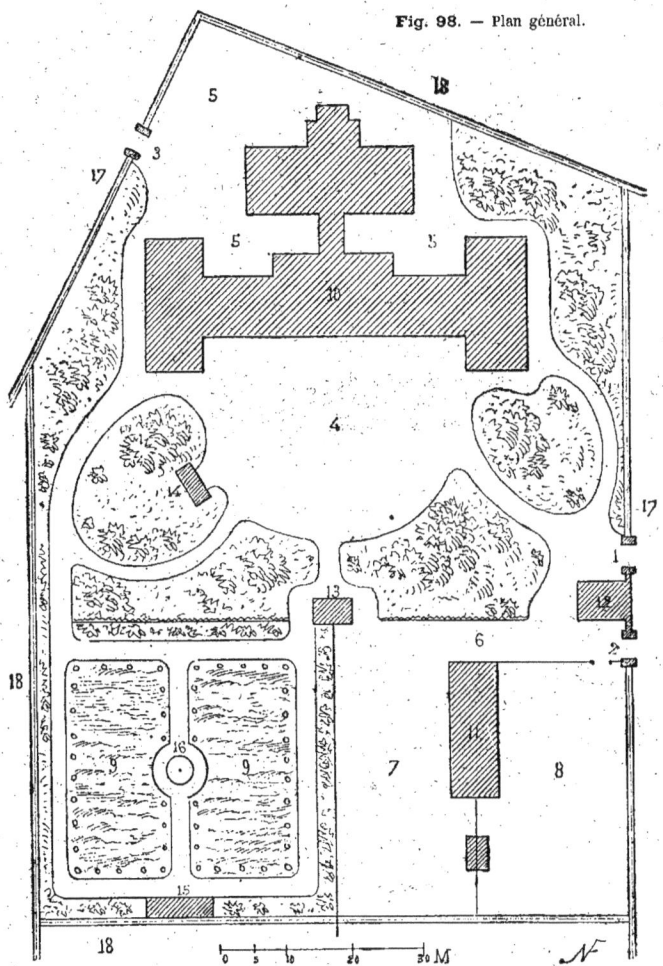

ÉCOLE NORMALE PRIMAIRE D'INSTITUTRICES

ÉCOLE NORMALE PRIMAIRE D'INSTITUTRICES

Fig. 99.

PLAN DU REZ-DE-CHAUSSÉE

1. Vestibule.
2. Galeries.
3. Parloir.
4. Cabinet de la directrice.
5. Salle de la commission administrative.
6. Salle de réunion des maîtresses.
7. Bibliothèque.
8. Classe, 1re division.
9. Classe, 2e division.
10. Classe, 3e division.
11. Salle d'étude.
12. Salle de dessin.
13. Dépôt des modèles.
14. Salle de travaux à l'aiguille.
15. Amphithéâtre.
16. Laboratoire de chimie.
17. Cabinet de physique.
18. Dégagement.
19. Salle de musique.
20. Économat.
21. Privés intérieurs.
22. Préau.
23. Chapelle.
24. Sacristie.
25. Dépôt.
26. Escalier descendant au sous-sol. (Service des cuisines.)
27. Réfectoire.
28. Monte-plats.
29. Gymnase.
30. Passage de service.

Fig. 99.

Plan du rez-de-chaussée.

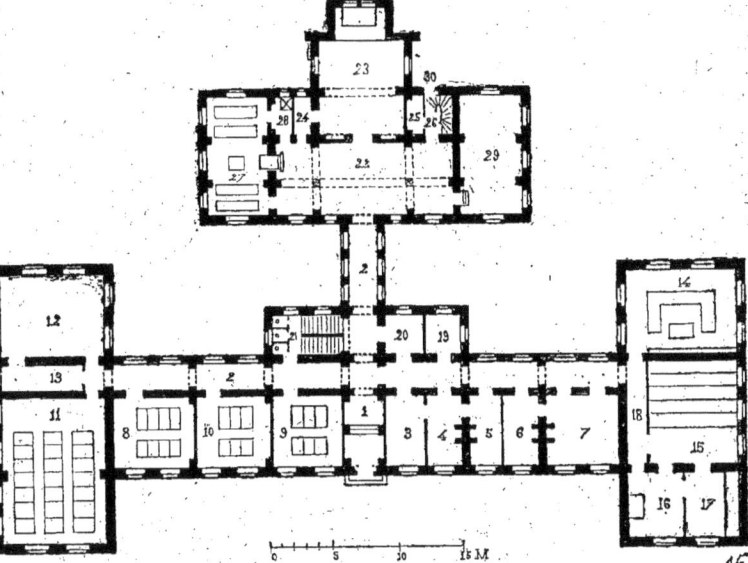

ÉCOLE NORMALE PRIMAIRE D'INSTITU RICES.

ÉCOLE NORMALE PRIMAIRE D'INSTITUTRICES

Fig. 100.

PLAN DU PREMIER ÉTAGE

1. Grand escalier.
2. Escalier des combles.
3. Escalier du logement de la directrice.
4. Galeries.
5. Vestibule.
6. Dortoir avec cabines contenant lits, lavabos et vestiaires.
7. Surveillante.
8. Nettoyage des chaussures.
9. Dépôt.
10. Lingerie.

Infirmerie.

11. Malades en commun.
12. Malade isolé.
13. Infirmière.
14. Cabinet de consultation du médecin.
15. Salle de bains. Tisanerie.
16. Privés.

Logement de la directrice.

17. Salon.
18. Salle à manger.
19. Chambres à coucher.
20. Cabinets.
21. Cuisine.
22. Privés.

Logement de la sous-directrice.

23. Chambre à coucher.
24. Cabinet.
25. Salon.

Logement des maîtresses-adjointes.

26. Chambres à coucher.
27. Cabinets.
28. Dégagements.

ÉCOLE NORMALE PRIMAIRE D'INSTITUTRICES.

Fig. 100

Plan du premier étage.

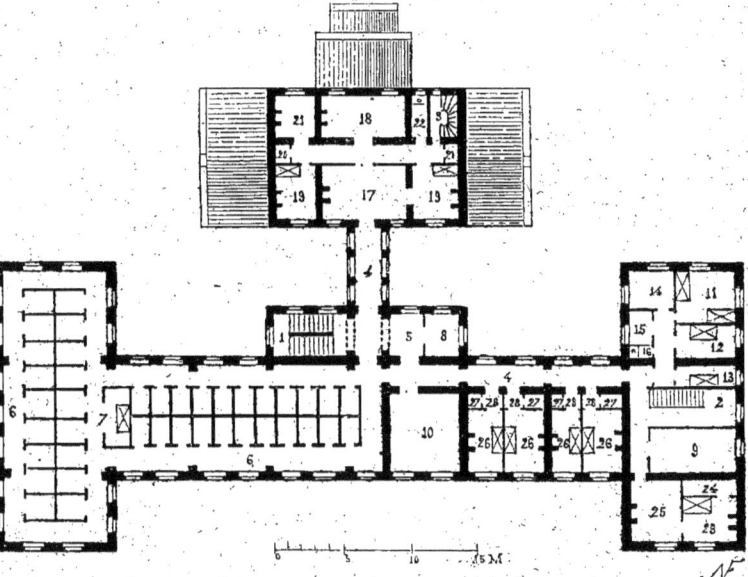

ÉCOLE NORMALE PRIMAIRE D'INSTITUTRICES.

Vestibule, galeries.

Le vestibule sert d'accès aux différents services et les rend indépendants les uns des autres, son importance doit donc être en rapport avec celle de l'école.

Les galeries *(fig. 101)* forment la continuation du vestibule, elles peuvent comme lui être décorées de peintures propres à servir à l'enseignement des élèves et à développer dans leur esprit certaines idées qui s'y gravent presque à leur insu (1).

Parloir.

C'est au parloir (3 mètres à 4 mètres sur 5 mètres) que se réunissent les parents et les amis venant voir les élèves. Il sert également de salle d'attente au cabinet de la directrice.

Cabinet de la Directrice.

Nous avons dit que le parloir servait le plus souvent de salle d'attente au cabinet de la directrice (3 mètres à 4 mètres sur 5 mètres. Ces deux pièces doivent donc se trouver en communication directe et cette disposition est d'autant plus utile qu'il est bien rare que les parents n'aient pas, en venant voir un élève, quelque communication à faire, quelque renseignement à demander à la direction. Il y a donc tout avantage à faciliter aux parents leurs rapports avec la direction et à éviter qu'ils ne soient obligés de pénétrer dans l'intérieur de l'école.

La directrice est le chef de l'école. C'est de son cabinet qu'elle donne ses ordres, qu'elle dirige tout le personnel, maîtres et élèves. Ce cabinet ne peut donc être une pièce

---

(1) Nous avons dit ailleurs comment devaient être exécutées ces peintures.

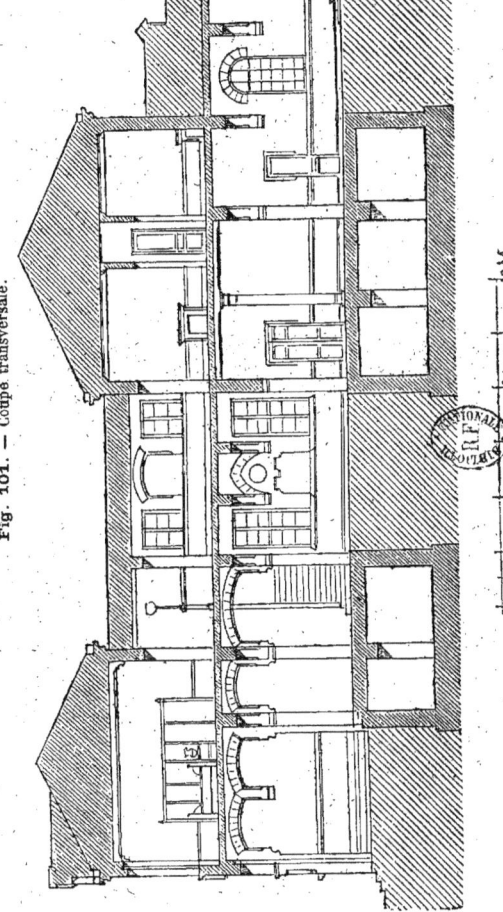

Fig. 101. — Coupe transversale.

ÉCOLE NORMALE PRIMAIRE D'INSTITUTRICES

banale, ses proportions et sa décoration doivent faire comprendre son rôle et son importance.

Bureau de l'économe.

Dans la plupart des écoles normales actuelles la tenue de la comptabilité est une charge qui incombe aux directeurs ou directrices, le travail qui en est la conséquence leur occasionne une perte de temps dont ils se sont souvent vivement plaints. L'administration centrale de son côté reconnaît que les heures ainsi employées pourraient bien plus utilement être utilisées, si elles étaient consacrées à la direction de l'enseignement. La création d'un économat dans toutes les écoles normales peut donc être prochaine et il y a dès à présent lieu de réserver dans les écoles à construire l'emplacement nécessaire au bureau du fonctionnaire appelé à remplir les fonctions d'économe.

Ce bureau doit se trouver à proximité du parloir et du cabinet de la Directrice, mais il doit aussi se trouver en communication facile avec les cuisines et les approvisionnements des caves et des magasins que l'économe a pour mission de surveiller et de contrôler d'une manière efficace et constante.

Salle de la Commission de surveillance.

Les écoles normales sont soumises au contrôle d'un comité de surveillance choisi parmi les fonctionnaires de la ville et désigné par le préfet du département, ce comité est chargé de faire à l'école de fréquentes visites, de s'assurer du bon fonctionnement des services, de la régularité de la tenue de la comptabilité; il doit surveiller le travail des élèves et la conduite des maîtres, rendre compte du résultat de ses visites dans des rapports transmis à l'administration il doit donc se réunir fréquemment à l'école pour y remplir sa mission.

Une salle de l'école doit être consacrée à ces réunions. Son emplacement se trouve indiqué près du cabinet de la Directrice appelée à fournir les renseignements nécessaires et à donner les explications qui lui sont demandées.

La commission de surveillance se réunit parfois dans le cabinet de la Directrice ou dans la bibliothèque, mais c'est là une mauvaise disposition qui trop souvent constitue une gêne et une confusion regrettables.

La salle de la commission (3 mètres à 4 mètres sur 5 mètres) doit être garnie d'armoires ou de corps de bibliothèque servant au dépôt des archives, et de collections de documents que les membres peuvent avoir intérêt à consulter.

Salle de travail et de réunion des maîtresses-adjointes.

Une dernière pièce complète celles nécessaires à l'administration de l'école, c'est la salle de travail et de réunion des maîtresses-adjointes.

Cette pièce sert aux maîtresses-adjointes de lieu de réunion pendant les courts instants qu'elles ont de libre; elles s'y reposent en commun de leur lourde tâche. C'est là aussi, qu'elles préparent leurs leçons, en se prêtant un aide mutuel.

Cette salle (3 mètres à 4 mètres sur 5 mètres) se trouve donc à cet effet heureusement placée près de la bibliothèque dans laquelle les maîtresses ont à leur disposition les documents dont elles ont besoin. Elle peut, du reste, non seulement servir aux maîtresses logées à l'école, mais encore aux professeurs de l'extérieur chargés d'un cours ou d'une classe spéciale.

II

ENSEIGNEMENT

Dans toute école les services de l'enseignement sont les plus importants, ils en constituent la partie essentielle et de leur plus ou moins bonne installation dépend en partie le succès des études. Nous allons à leur sujet entrer dans d'assez longs développements (1).

Classes.

La durée du temps d'études à l'école normale primaire est de trois ans. Les élèves y sont divisés d'après le degré de l'avancement de leurs études en trois sections première, deuxième et troisième. Lorsque le nombre des élèves est inférieur à 120, chaque section ne comprenant que 40 élèves, peut occuper une même classe et recevoir les leçons d'un même professeur ; mais lorsque le nombre des élèves dépasse cent, les élèves répartis dans trois divisions, donneraient aux classes un personnel trop nombreux (2) et les classes devront alors être dédoublées et compter chacune deux salles et deux professeurs. Ce sera là une augmentation de dépense mais on ne pourra la regretter car elle est néces-

---

(1) Les conditions générales que doit remplir toute classe au point de vue de l'éclairage, de la forme, de la surface ont été indiquées et discutées à propos des écoles primaires ; elles sont les mêmes pour les écoles normales, il n'y a donc pas lieu d'y revenir ici.

(2) La moyenne des élèves par classe sera de 50 élèves dans les écoles à une classe et de 40 pour les écoles à plusieurs classes : Titre II du règlement pour la construction des maisons d'école.

saire et en négligeant cette précaution on ne pourrait espérer des élèves un travail régulier et soutenu.

L'école que nous avons prise pour type est destinée à recevoir 40 ou 42 élèves. Chaque classe ne compterait donc que 12 à 14 élèves condition excessivement favorable pour assurer le travail des élèves et faciliter la tâche du maître.

Il ne faut pas oublier que les élèves des écoles normales sont physiquement plus développés que les élèves des écoles primaires. Ils doivent donc travailler sur un matériel scolaire leur laissant plus de place et traverser des passages plus larges que ceux indiqués dans les écoles dont le personnel ne comprend que des enfants.

Il convient de placer les élèves d'une école normale sur des bancs à une place de $0^m,80$ de large ou sur des bancs à deux places ayant $1^m,40$ de large. La profondeur de ces bancs doit être portée à 1 mètre. Quant aux passages, ceux entre murs et tables doivent avoir $0^m,70$ à $0^m,80$ et ceux entre deux rangs de table $0^m,60$ à $0^m,70$ environ. Le passage extrême doit avoir $0^m,70$ à $0^m,80$ comme les passages latéraux et l'emplacement réservé en tête de la classe ne doit pas être moindre de 2 mètres (fig. 99).

En tenant compte de ces conditions on voit que par suite de la grande surface des passages et espaces libres pas rapport au petit nombre d'élèves une classe de 14 à 16 élèves aurait environ, sauf les différences de détails, 5 mètres sur 7 mètres soit 35 mètres de surface et chaque élève occuperait un peu plus de 2 mètres. Le règlement relatif à l'installation des salles primaires prescrit une surface de $1^m,25$ à $1^m,50$ par élève en classe; celle demandée ici pour les élèves des écoles normales n'a donc rien d'excessif.

Plusieurs écoles normales suppriment une des trois classes nécessaires et convertissent alors la salle d'étude en salle de classes pour les élèves d'une division. C'est là une mauvaise condition. Une salle d'étude n'est ni aménagée ni disposée afin de servir de classe. Elle est trop vaste pour que le professeur s'y fasse entendre sans fatigue et pour que l'attention des élèves s'y soutienne. En outre, dans l'intérêt du travail et de la santé des élèves il est nécessaire que ceux-ci changent fréquemment de local suivant les exercices et le genre d'occupations auxquels ils ont à se livrer.

Salles d'étude.

Nous avons vu certaines écoles normales de l'étranger supprimer les grandes salles d'étude communes et les remplacer par des salles de médiocre étendue ne contenant que 8 à 12 élèves. Entre deux salles est un cabinet dans lequel se tient un maître prêt à donner des conseils aux élèves s'ils en ont besoin mais les laissant travailler par eux-mêmes en toute liberté et sans le contrôle incessant d'un maître dont la surveillance et l'autorité tendent à leur enlever toute initiative personnelle.

Une telle installation semble très recommandable mais elle est contraire à nos habitudes et à nos traditions et peut-être n'a-t-elle pas de chances d'être dès à présent adoptée chez nous. Nous avons donc cru, après avoir fait connaître ce qui se fait ailleurs, devoir conserver la salle d'étude telle que nous sommes habitués à la voir dans nos lycées et nos établissements d'instruction primaire.

La salle d'étude des écoles normales est disposée comme les classes; c'est une grande salle d'une surface suffisante pour recevoir surtout quand il s'agit d'un personnel aussi restreint que celui de l'école dont nous nous occupons tous les élèves de cette école. C'est là qu'ils étudient les leçons professées dans les classes. La place qu'ils occupent aux bancs-tables doit être suffisante pour leur permettre de travailler sans gêne et à l'aise. Ils peuvent être assis soit sur des bancs à une place soit sur des bancs à deux places ; sous le pupitre est placé un casier contenant les livres et cahiers et le long des murs sont scellés des rayons destinés au même usage.

La salle d'étude (*fig. 99*) a 10 mètres sur 7 mètres. Les quarante élèves occupent donc chacun $1^m,75$, surface un peu inférieure à celle de la classe, ce qui tient à ce que la surface des passages et espaces libres est répartie sur un plus grand nombre d'élèves et aussi à la nécessité de ne pas donner à la salle de trop grandes proportions, les dimensions des bancs-tables étant du reste les mêmes que celles des salles de classe.

Les fenêtres percées en arrière des élèves servent à l'aérage des salles et sont aveuglées pendant les heures de travail.

On donne parfois au sol de la salle d'étude une légère inclinaison dans le sens de la chaire du maître, ce qui rend sa surveillance plus efficace et empêche les élèves de se dissimuler les uns derrière les autres, comme ils peuvent le faire quand ils sont placés sur un très grand nombre de lignes de bancs.

Amphithéâtre.

Certaines leçons sont communes à deux divisions, une salle plus grande qu'une classe ordinaire est donc nécessaire ; on donne même en général à cette salle des dimensions suffisantes pour lui permettre de recevoir tout le personnel de l'école.

C'est dans cette salle que se font les cours de physique et de chimie. On dispose les sièges en amphithéâtre, afin de laisser parfaitement visible, de toutes les places, la table du maître sur laquelle se montrent les appareils et se préparent les expériences.

L'amphithéâtre est comme les autres classes éclairé par des fenêtres percées à la gauche des élèves. Au lieu de bancs-tables, il est garni de gradins sur lesquels s'asseyent les élèves ayant devant une petite tablette qui leur sert à écrire pour prendre des notes.

Il est indispensable que l'amphithéâtre soit en communication immédiate avec le cabinet dans lequel sont déposés les instruments et appareils de physique et avec le laboratoire de chimie dans lequel le professeur prépare ses leçons et ses expériences. Ces deux pièces annexes et dépendances nécessaires de l'amphithéâtre doivent être placées de façon à permettre au professeur d'y pénétrer sans traverser l'amphithéâtre ; il faut qu'au moyen de larges portes, le professeur reçoive directement des mains de son préparateur les divers objets dont il a besoin.

La crainte de voir l'humidité détériorer les instruments, a parfois fait reporter le cabinet de physique au premier étage. C'est là une mauvaise disposition ; quelques soins empêchent facilement les instruments de se détériorer et, en tout cas, il vaudrait mieux les sacrifier un peu et s'en servir, que les reléguer loin de la salle de cours, car alors pour s'éviter la peine de les descendre et de les remonter on ne s'en servira jamais.

La disposition indiquée *(fig. 99)* est appropriée à ces diverses exigences et indique de quelle façon peut se faire le groupement de ces services.

Laboratoire de chimie.

Le laboratoire de chimie n'a pas besoin d'être très vaste, $3^m.50$ sur 3 mètres, car il ne sert qu'aux préparations les plus élémentaires. Il doit être pourvu d'un fourneau avec une hotte sous laquelle s'échappent les émanations et les gaz provenant des travaux chimiques qui, sans cette précaution, se répandraient à l'intérieur et pourraient nuire à la salubrité de l'école.

Cabinet de physique.

Le cabinet de physique a les mêmes dimensions que le laboratoire de chimie ($3^m,50$ sur 3 mètres), il doit être garni d'armoires vitrées fermant à clef.

Salle pour les ouvrages à l'aiguille.

Les travaux à l'aiguille ont pour la femme du peuple une importance extrême. Ce sont les enfants du peuple que sont destinées à instruire les institutrices formées à l'école normale; elles doivent donc être mises à même de donner à leurs élèves les leçons nécessaires et par conséquent commencer elles-mêmes par acquérir les connaissances dont elles auront besoin.

La connaissance des travaux à l'aiguille ne peut s'acquérir que par la pratique et apprendre à des jeunes filles à coudre, à broder ou à faire de la tapisserie, en les enchâssant dans les bancs-tables des classes ordinaires n'est pas du tout ésoudre la question.

Il faut que les élèves des écoles primaires et par conséquent les élèves-institutrices des écoles normales sachent coudre, raccommoder et couper un vêtement. Elles ont besoin, pour se livrer à ces divers ouvrages d'une installation spéciale leur permettant de travailler d'une manière commode et régulière, de déployer, d'étendre des étoffes sur une grande table, couper des *patrons*, essayer des vêtements.

Un casier garni de tiroirs occupe le fond de la salle; la

partie supérieure sert de table pour découper et dessiner les *patrons* en papier. La maîtresse occupe un siège élevé d'où elle peut surveiller ses élèves et leur donner des explications. Celles-ci sont assises devant une grande table en fer à cheval, table très large et munie de tiroirs.

Les bancs doivent être remplacés par des chaises, afin que les élèves conservent la pleine liberté de leurs mouvements et aient la possibilité de changer de place pour se reposer ou de se lever pour voir de plus près le modèle, et consulter une compagne ou la maîtresse. Des chaises supplémentaires peuvent en outre être disposées dans les parties libres de la salle afin de permettre de recevoir à un moment donné un plus grand nombre d'élèves.

Il faut aussi ne pas négliger de pourvoir la salle des travaux à l'aiguille d'appareils d'éclairage qui rendent possible le travail du soir.

Bibliothèque.

La bibliothèque contient non seulement les livres servant à l'instruction des élèves mais encore ceux nécessaires à l'enseignement et que leur prix trop élevé empêche les élèves et même les maîtresses de posséder, les uns sont donc emportés au dehors, les autres consultés sur place.

Les dimensions de la bibliothèque (4 mètres sur 5 mètres) doivent lui permettre de contenir un nombre assez considérable de volumes. Les parois des murs sont garnies d'armoires non vitrées, car les livres renfermés se détériorent plus promptement que ceux exposés à l'air. Le milieu de la bibliothèque est occupé par une table et des sièges permettant aux lecteurs de s'asseoir pour lire et prendre des notes.

Salles de collections.

La salle de collections n'est qu'une annexe de la bibliothèque à laquelle elle est le plus souvent réunie. Elle est destinée à renfermer les objets d'histoire naturelle, les modèles de toutes sortes que maîtres et élèves ont besoin de consulter. Quand dans les écoles très importantes cette salle est indépendante de la bibliothèque et forme une division à part, on lui donne les mêmes dimensions et on la traite de la même façon que cette dernière.

Salles de dessin.

L'enseignement du dessin est obligatoire dans les écoles primaires, les maîtresses doivent donc apprendre à l'école normale les éléments qu'elles transmettront plus tard à leurs élèves, car il y a bien peu d'écoles primaires pouvant avoir un professeur spécial de dessin.

Une salle de dessin unique est, du reste, insuffisante ; le mode d'éclairage n'étant pas le même pour tous les genres de dessins, il faut pouvoir le varier, le modifier suivant les heures du jour et suivant qu'on dessine d'après nature, d'après la bosse ou d'après un modèle. Il faut aussi que le matériel soit différent pour ceux qui font des tracés géométriques, des paysages, de l'aquarelle ou de simples copies.

Trouver un local unique satisfaisant à toutes ces conditions est chose impossible et ce n'est que par des concessions et des compromis dont le résultat n'est pas toujours heureux qu'on arrive en tenant plus ou moins compte des obligations imposées à installer d'une façon convenable tous les élèves dessinateurs dans un même et unique local.

C'est ce résultat que les indications du plan *(fig. 98)* ont cherché à remplir. Les élèves dessinant d'après la bosse sont groupés en demi-cercle les uns derrière les autres, placés en créneaux pour que ceux du premier rang ne gênent pas ceux du second et du troisième. Le jour vient de très haut, uniquement par la partie supérieure des fenêtres.

Les élèves copiant un modèle sont éclairés à gauche et placés au centre de la salle, tandis que des tables fixées près des fenêtres et également éclairées à gauche sont réservées aux élèves faisant des lavis ou des tracés géométriques.

Il faut en outre installer des tentures glissant sur des tringles pour séparer ces divers groupes et empêcher les fenêtres d'introduire à tort et à travers la lumière qui doit être au contraire dirigée et distribuée dans telle ou telle partie d'une façon particulière.

Salle de musique.

La salle de musique, qu'il ne faut pas confondre avec la salle de chant, pour laquelle, par économie, il est difficile de prévoir une salle spéciale, contient un ou deux pianos. Ses dimensions sont donc assez restreintes (3 mètres sur $2^m,50$ ou 3 mètres) et il faut veiller à ce qu'elle ne soit placée ni près de l'infirmerie, ni près des classes ou des chambres de maîtresses car le bruit qui se fait dans cette salle en rend le voisinage assez désagréable.

École annexe.

L'école primaire annexée à l'école normale est l'école d'apprentissage des élèves de cette école. C'est là qu'ils apprennent à enseigner, c'est là qu'ils s'exercent à mettre en pratique les principes pédagogiques auxquels ils ont été initiés par les professeurs de l'école normale.

L'école annexe n'est donc qu'une école ordinaire et sort par conséquent du cadre de notre travail. Mais nous devons signaler l'intérêt que présente pour les écoles normales d'institutrices, l'adjonction à l'école annexe d'une salle d'asile *(Jardin d'enfants)*, qu'il faut pourvoir du matériel le plus perfectionné, et faire diriger par une maîtresse expérimentée au courant des applications de la méthode Fraebel si en faveur en ce moment.

Les institutrices apprendront ainsi de quelle manière elles devront donner aux tout jeunes enfants les soins propres à développer leurs corps et leur intelligence; plus tard, quand elles seront envoyées dans quelque village elles pourront à leur tour faire l'éducation des jeunes mères, changer les déplorables routines des campagnes, dégager l'esprit des paysans de sots et ridicules préjugés et améliorer ainsi tout à la fois au physique et au moral les générations à venir.

C'est ainsi qu'en dehors des questions d'enseignement, les institutrices congréganistes avaient su se rendre utiles, qu'elles avaient pu se créer une situation à part et acquérir une influence certaine dans les communes rurales où elles s'installaient. Puisque les institutrices laïques doivent remplacer les institutrices congréganistes, il faut qu'on les mette à même de le faire.

En suivant le même ordre d'idées et pour atteindre le même résultat, il semble que quelques leçons d'hygiène pourraient avantageusement remplacer auprès des élèves des écoles normales, l'enseignement de la physique et de la chimie et même celui de l'économie politique (1).

---

(1) Un de nos départements a récemment compris l'économie politique parmi les matières à enseigner aux élèves de son école normale.

III

HABITATION DES ELÈVES

L'habitation des élèves s'entend de toutes les pièces et salles consacrées à la vie ordinaire des élèves. Ces salles doivent remplir certaines conditions spéciales propres à les rendre saines et salubres. Il faut aussi que, par leurs dispositions, elles fassent disparaître autant que possible la gêne et les inconvénients qui résultent toujours de l'habitation en commun d'un grand nombre d'individus.

Dortoirs, lavabos, vestiaires.

Les écoles normales que nous avons passées en revue font presque toutes coucher leurs élèves dans de grands dortoirs communs où les lits plus ou moins rapprochés les uns des autres sont placés sur deux, trois ou quatre lignes. L'aérage de ces salles, leur chauffage, leur salubrité n'ont été l'objet d'aucune précaution, d'aucune étude spéciale. En outre, les élèves ne pouvant conserver près d'eux leur linge, leurs vêtements, ne pouvant vaquer aux soins de leur toilette, on a dû installer près de ces dortoirs des lavabos et des vestiaires, dont doivent s'occuper des serviteurs spéciaux.

Les dortoirs installés dans ces conditions établissent entre les élèves une promiscuité regrettable, cette habitation en commun froisse chez les femmes les sentiments de pudeur et de retenue qu'il faut au contraire s'efforcer de développer en elles; elle tend enfin à leur faire contracter des habitudes déplorables à tous égards. L'obligation d'aller vaquer aux soins de leur toilette, dans une salle commune augmente encore ces inconvénients, et les vestaires confiés aux soins de domestiques empêchent les élèves de mettre en ordre et d'entretenir elles-mêmes leur linge et leurs vêtements.

Il serait à désirer que chaque élève d'une école normale eût une petite chambre distincte dont l'usage lui serait personnel et dont la bonne tenue resterait sous sa responsabilité; mais c'est là une grosse dépense et en attendant que cette amélioration soit acceptée il faut diviser les dortoirs en cabines au moyen de cloisons ne montant qu'à 2 mètres au-dessus du sol.

Ces cabines *(fig. 102)* auraient $1^m,80$ de large sur $2^m,25$ de long, elles seraient fermées sur la face par une tenture et contiendraient un lit de $0^m,80$ sur $1^m,90$, une armoire dans laquelle l'élève pourrait déposer son linge et accrocher ses vêtements, puis une table de toilette et un escabeau *(fig. 103)*.

Le dortoir doit être unique, c'est là une condition nécessaire à sa bonne tenue et le seul moyen pratique d'assurer la surveillance dont il doit être l'objet, sans imposer aux maîtresses-adjointes une fatigue excessive.

Chaque maîtresse doit, en effet, coucher à tour de rôle dans le dortoir; si le dortoir est unique et que le nombre des maîtresses soit de quatre, par exemple, c'est pour chacune d'elles l'obligation de coucher au dortoir un jour sur quatre. Si au lieu d'un dortoir, il en existait deux, trois ou quatre, ce n'est plus tous les quatre jours qu'il leur faudrait coucher au dortoir mais tous les deux et même tous les jours.

Les maîtresses ne remplissent cette partie de leur devoir qu'avec répugnance et trop souvent elles trouvent le moyen de se faire remplacer au dortoir par une domestique. Il est donc prudent de s'efforcer d'alléger le plus possible l'obligation qui leur incombe, et le meilleur moyen est non pas de multiplier mais de restreindre les dortoirs à une seule et unique salle.

Fig. 102.

VUE D'UN DORTOIR AVEC CABINES

1. Lits.　　　　　　　　3. Toilettes.
2. Armoires.　　　　　　4. Escabaux.

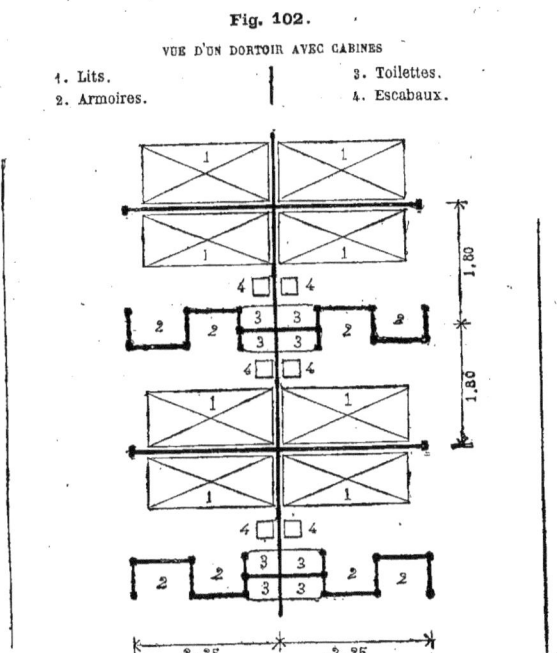

Une disposition qui peut être utile, consiste à placer le lit de la surveillante sur une estrade assez élevée pour que, même couchée, elle puisse voir l'intérieur des cellules (1).

---

(1) Disposition mise en pratique par notre éminent confrère M. Louvier, architecte en chef du département du Rhône.

Les vestiaires et lavabos deviendraient ainsi inutiles ; chaque élève serait chargée du soin de sa cellule et pourrait facilement et sans fatigue la tenir propre. L'élève serait maîtresse dans son petit réduit et ferait là comme un apprentissage des soins que plus tard exigera sa maison. Il faut aussi remarquer combien, grâce aux cloisons de séparation, les réunions, les conversations entre elles deviendraient difficiles et combien, par suite, la discipline serait plus régulière et plus suivie.

Salle de nettoyage des chaussures.

Le nettoyage des chaussures doit se faire dans un local distinct et séparé des dortoirs, afin que la poussière et l'odeur qui résultent de cette opération, n'incommodent ni les maîtres ni les élèves.

Certains directeurs d'écoles normales exigent même que les chaussures ne soient pas conservées au dortoir, mais réunies dans une pièce spéciale garnie de casiers en nombre égal à celui des élèves. C'est là une très utile précaution, mais qui offre l'inconvénient d'obliger à de nombreuses allées et venues. En tous cas, cette mesure ne paraît pas nécessaire dans les écoles d'institutrices, dont les chaussures plus légères, plus soignées que celles des hommes peuvent fort bien, ce semble, être conservées dans les cabines du dortoir.

Infirmerie.

Le service de l'infirmerie doit comprendre une salle commune pour deux ou trois lits, une salle d'isolement pour un malade atteint d'une maladie contagieuse, une chambre pour une infirmière, un cabinet de bains, une tisanerie où

Fig. 102. — Vue du dortoir avec cabines.

se préparent les médicaments d'un usage habituel, et enfin des privés.

Il faut, en outre, ajouter à ces pièces une petite salle de consultations destinée au médecin, salle dans laquelle il reçoit celles des élèves qui ont besoin de ses soins, sans cependant être alitées.

L'infirmerie, c'est-à-dire l'ensemble des pièces qui la composent, doit occuper la partie la plus tranquille des bâtiments, se trouver exposée au midi et être aérée avec un soin extrême *(fig. 100)*.

Lingerie. Salle de repassage, de raccommodage. Buanderie.

La lingerie ne doit pas ici s'entendre du dépôt du linge des élèves puisque celles-ci le conservent près d'elles dans leur cellule : mais bien du linge à l'usage de la maison. Elle consiste en une pièce garnie d'armoires avec une grande table au centre, pour y étendre et repasser le linge.

Il est également utile de prévoir, dans les écoles importantes, un petit atelier pour le raccommodage.

Ces diverses pièces doivent être placées dans les étages supérieurs, à un endroit sec et bien aéré.

L'annexe d'une lingerie est la buanderie, placée dans le sous-sol ou dans un bâtiment à part et munie des engins perfectionnés propres à assurer le lavage complet et rapide du linge : lessiveuse, essoreuse, etc.

Cuisine, Laverie, Office, Salle des gens, Dépense, Cave, etc.

Nous avons vu quelle importance certaines écoles étrangères donnaient au service de leur cuisine ; sans aller aussi loin qu'elles dans cet ordre d'idée, il convient d'installer la cuisine de nos écoles nouvelles d'une façon pouvant en assurer la propreté et la commodité.

Il faut si la chose est possible placer la cuisine en sous-sol, c'est là pour elle, au point de vue économique, un emplacement très convenable. Il faut que son plafond soit assez surélevé au-dessus du sol, pour que l'air, la lumière y pénètrent abondamment ; le sol en sera ainsi facilement séché et pourra être fréquemment lavé sans rester humide.

Le sol devra être carrelé, les murs seront peints à l'huile et une hotte avec issue extérieure recouvrira le fourneau ; une seconde hotte permettra d'établir un courant d'air qui entraînera au loin les émanations et les vapeurs si désagréables quand elles se répandent à l'intérieur d'un bâtiment.

Les dépendances indispensables à la cuisine sont : la laverie, dans laquelle se lave la vaisselle, et qui doit être munie d'un tuyau d'évent à large section ; l'office dans laquelle se conservent les provisions du jour et se dressent les plats. L'office de la cuisine doit, au moyen d'un monte-plats, être en communication avec l'office de la salle à manger placée au dessus de façon à éviter aux domestiques de constamment monter ou descendre un escalier dans lequel ils peuvent faire des chutes. Puis viennent la salle des gens, où ces derniers prennent leurs repas ; une dépense pour déposer les provisions sèches, épicerie, conserves, etc.; un magasin et, enfin, une cave à plusieurs compartiments pour le vin, le cidre ou la bière suivant les pays.

Réfectoire.

C'est surtout à table qu'il est facile de reconnaître un homme bien élevé. Il faut donc donner aux élèves de nos écoles normales, le moyen de produire cette heureuse impression, et, pour cela, les faire manger dans une salle

Fig. 104. — Intérieur du réfectoire.

haute, vaste, bien aménagée et installée avec un confortable relatif *(fig. 104)*.

L'influence du milieu est incontestable; il faut donc que, pour les élèves, le réfectoire soit un milieu favorable et produise en eux une heureuse impression.

Les élèves occupent à table dans le réfectoire $0^m,50$ au moins.

Une condition indispensable est d'éclairer et d'aérer le réfectoire par le plus grand nombre de fenêtres possible, de façon à permettre d'établir un courant d'air dès que les élèves sont absentes et expulser ainsi cette odeur fade et écœurante que nous avons tous connue.

Il faut aussi supprimer des réfectoires les parements nus et froids des grands murs, et décorer ceux-ci de peintures rappelant par un simple trait un souvenir historique digne d'appeler l'attention et de frapper l'esprit.

Il vaut mieux, dit-on, laisser les élèves parler pendant le temps de leur repas mais comme cette habitude n'est pas encore acceptée dans nos écoles on fait aux élèves durant leur séjour au réfectoire une lecture qu'à la vérité ils n'écoutent jamais; on doit cependant donner satisfaction à cette tradition et établir une chaire ou estrade assez élevée pour que la lectrice soit vue et entendue de ses auditeurs.

La directrice prend ses repas chez elle, les maîtresses mangent sur une table installée au milieu de celles des élèves.

A côté du réfectoire est l'office avec le monte-plats desservant l'office des cuisines.

Salle de bains.

La salle de bains, qu'on installe le plus souvent dans le sous-sol près de la cuisine, comprend deux ou trois cabinets de bains et une salle commune dans laquelle les élèves prennent les bains de pieds.

Les bains de pieds doivent se prendre une fois par semaine; comme chaque bain ne dure qu'un quart d'heure on voit qu'avec 10 bains de pieds les 40 élèves de l'école peuvent tous prendre un bain dans l'espace d'une heure et demie, deux heures si l'on tient compte des temps d'arrêt.

Chaque bain de pied occupe $0^m,50$ et doit être séparé du suivant par une distance de $0^m,40$.

Les grands bains ne se prennent qu'une fois par mois ; deux cabinets seraient donc suffisants pour une école de 40 élèves, car même, en ne fonctionnant qu'une heure par jour, ces deux cabinets permettraient à tous les élèves de se baigner dans le courant du mois.

Il est préférable de remplacer les grands réservoirs à eau chauffés directement, par des appareils indépendants pouvant chauffer tous les bains de pieds à la fois et une ou deux baignoires suivant les besoins. L'emploi de ces appareils est économique et permet de ne chauffer que la quantité d'eau utilisable à un moment donné. On peut également restreindre leur service au strict nécessaire ou l'étendre au fur et à mesure des besoins.

IV

HABITATION DES MAITRES

Les fonctionnaires qu'il est utile de loger à l'école normale sont ceux dont la surveillance s'exerce la nuit comme le jour et dont la présence à l'école doit être constante. Ce sont la directrice, la sous-directrice, les maîtresses-adjointes et enfin les serviteurs.

Directrice.

Le logement de la directrice, placé au premier étage du

logement des cuisines et mis en communication immédiate et directe avec le bâtiment principal au moyen d'une galerie, comprend : un vestibule, un salon, une salle à manger, deux chambres à coucher avec cabinets de toilette, une cuisine, des privés et deux caves, puis dans les combles une troisième chambre à coucher de maître et une de domestique.

Il est très important que tout en étant relié au bâtiment de l'école le logement de la directrice en soit séparé et indépendant et ait une entrée particulière et occupe, s'il est possible, un bâtiment à part. En effet, la directrice ou le directeur d'une école normale n'est pas exclusivement fonctionnaire et ne vit pas seulement à l'école; il est marié, a des enfants, des relations et aucun point de contact ne doit cependant exister entre le personnel de l'école et la vie intime de son directeur. Un directeur peut avoir des filles, une directrice des fils qui les uns et les autres ne doivent pénétrer dans l'intérieur de l'école et se trouver en contact avec les élèves.

Un logement de directeur ou de directrice dans le bâtiment même de l'école constitue une installation déplorable dont nos écoles normales ne donnent malheureusement que trop d'exemples.

Sous-Directrice.

La sous-directrice se trouve dans une situation toute différente de celle de la directrice; elle n'est pas mariée, vit avec les élèves et son logement n'a besoin de se composer que d'une chambre à coucher avec cabinet de toilette et d'un salon ou cabinet de travail.

Le choix de l'emplacement que doit occuper le logement

de la sous-directrice n'est pas indifférent. Il faut, en effet, que la sous-directrice soit constamment près des élèves et que celles-ci puissent, à chaque instant, craindre de la voir apparaître; il convient donc, pour rendre la chose possible, de placer son logement près des dortoirs, de l'infirmerie et des chambres des maîtresses.

Maîtresses adjointes.

Les logements des maîtresses adjointes devraient, dit-on, être disséminés dans toutes les parties de l'école. Ce serait là un excellent moyen de rendre leur surveillance plus effective et plus constante, mais c'est là aussi une grande difficulté d'installation; d'un autre côté, il est nécessaire, dans l'intérêt des maîtresses, qu'elles puissent, à certains moments, jouir d'un peu de calme et de repos d'esprit ce qui leur serait impossible si leurs chambres étaient trop à portée du bruit et du mouvement des élèves. Ces maîtresses sont, en outre, souvent des jeunes filles ayant elles-mêmes besoin de surveillance et de direction : les placer à de grandes distances les unes des autres, aux extrémités des bâtiments, ne serait pas sans offrir des inconvénients de plus d'un genre et il paraît plus sage, plus pratique de grouper ces petits logements près de la sous-directrice, près de l'infirmerie, près des dortoirs où, pendant la nuit, leur présence peut être utile et même nécessaire.

Les logements des maîtresses adjointes doivent se compose d'une chambre à coucher (3 mètres sur 4 mètres) avec cheminée et d'un cabinet de toilette.

Logement de l'aumônier.

Il est parfaitement inutile que l'aumônier soit jamais logé à l'école normale. Ses fonctions se réduisent à célébrer la messe les dimanches et les jours de fête, à faire, à certains jours, des instructions religieuses, à visiter les malades et sauf des cas tellement rares qu'on ne peut les faire entrer en ligne de compte, jamais l'aumônier n'est appelé à l'école durant la nuit. L'aumônier est, du reste, le plus souvent le vicaire d'une paroisse voisine où son ministère peut être réclamé à toute heure, et il convient qu'on le laisse à son poste.

Chambres de domestiques.

Ces chambres en nombre très variable, sont généralement, placées dans les combles et n'offrent aucune disposition spéciale utile à signaler.

V

SERVICES ANNEXES

Les services annexes ne rentrent dans aucune catégorie précédente et sont cependant indispensables au fonctionnement régulier de l'école.

Chapelle.

Nous n'avons pas à examiner ici si l'enseignement religieux doit ou non être conservé dans les écoles normales mais tant qu'il y sera maintenu, nous devons indiquer les moyens propres à l'assurer.

Nous avons déjà insisté sur les inconvénients de plus d'un genre que présente l'obligation imposée au directeur ou à la directrice d'une école normale de conduire ses élèves remplir leurs devoirs religieux à l'église paroissiale. Ces inconvénients s'aggravent encore quand il s'agit de jeunes filles qui traverseraient la ville en longues lignes difficiles à maintenir en bon ordre. Il faut aussi tenir compte du trouble que de telles sorties mettraient dans les exercices réguliers et dans la discipline quand il faudrait conduire toutes ces jeunes filles à la fois se confesser ou assister à des cérémonies exceptionnelles, des réunions imprévues, etc... Les questions de toilette viendraient encore pour les élèves institutrices compliquer la situation et créer une nouvelle source de difficultés.

Il paraît donc indispensable, *dans l'état actuel des choses*, de pourvoir d'une chapelle toute école normale.

Les chapelles n'ont pas besoin d'avoir l'importance exagérée qu'on leur a donnée dans certains établissements. Il suffira toujours d'élever un modeste oratoire compris dans l'enceinte du bâtiment, et de lui donner une étendue suffisante pour recevoir seulement le personnel de l'école, élèves, maîtres et serviteurs.

On admet qu'une personne à l'église occupe $0^m,80$ superficiels, y compris passage.

A ces chapelles il conviendra de joindre une petite sacristie pour recevoir les objets du culte et permettre au prêtre de se revêtir des ornements sacerdotaux à l'abri des regards.

Gymnase.

La nécessité pour une école d'être pourvue d'un gymnase n'a plus aujourd'hui besoin d'être démontrée ; chaque école normale en possède un, mais l'emplacement qui lui est assigné en dehors des bâtiments au milieu d'une cour de récréation n'est pas convenable. Il faut que le gymnase soit accessible à pieds secs par tous les temps et en toutes saisons; il faut que les élèves puissent, surtout quand il s'agit de jeunes filles, le gagner ou le quitter après des exercices violents sans s'exposer à de dangereux changements de température.

La place du gymnase est donc à l'intérieur des bâtiments. Nous l'avons indiquée près du préau couvert, à l'extrémité de la galerie qui met en communication le bâtiment principal avec le bâtiment des services généraux *(fig. 99)*.

Préau couvert.

Les élèves d'une école normale ne sont plus des enfants qu'il faut, comme à l'école primaire, faire jouer et courir ; aussi ont-elles besoin d'un abri clos dans lequel elles peuvent se reposer de leur travail en allant et venant ou en causant entre elles.

Cet abri est le préau qui sert pour ainsi dire de vestibule au réfectoire, à la chapelle et au gymnase. Ses dimensions permettent aux élèves des promenades qu'elles prolongent dans les galeries, lorsque le mauvais temps empêche la récréation de se passer au dehors.

Dépôt des malles. Magasin général.

Les cabines des dortoirs sont trop exiguës pour que les élèves puissent conserver avec elles les malles dans lesquelles elles ont apporté leur linge et leurs vêtements. Aussitôt débarrassées de leur contenu ces malles doivent donc être enlevées et transportées dans un dépôt général ménagé sous les combles.

C'est aussi dans les combles que doit être réservé un vaste local destiné à recevoir le dépôt du matériel scolaire et tous les engins et objets nécessaires à l'école et qu'il est avantageux d'approvisionner pour les avoir toujours sous la main.

VI

SERVICES EXTÉRIEURS

Nous désignons sous ce titre ceux des services qui constituent les dépendances de l'école et qui sont placés en dehors de l'enceinte des bâtiments.

Cours. Jardins.

Les écoles normales sont, en général, précédées d'une cour d'entrée à laquelle on donne le nom trop pompeux de cour d'honneur; elles comprennent, en outre, une cour de service qui sert à recevoir les voitures des fournisseurs et sur laquelle s'ouvre directement la cuisine; et une cour de récréation des élèves dont la surface est calculée à raison, de 8 à 10 mètres, au moins, par élève. Cette cour doit être en partie plantée, si la disposition des lieux le permet; on l'entoure de plates-bandes, de pelouses qui égayent le regard et on laisse aux élèves le soin d'y mettre elles-mêmes les fleurs qui leur plaisent.

La directrice conserve pour son usage exclusif une petite partie de ce jardin.

Le jardin potager est indépendant de cette cour et de ces jardinets dits d'agrément; il est aussi vaste que possible; les produits qu'on en retire sont consommés à la table de l'école. Ce jardin sert en outre à initier les élèves aux premiers éléments de l'horticulture.

La surface moyenne de l'emplacement total nécessaire à une école normale, y compris bâtiments, cours, jardins et dépendances de toutes sortes, ne peut jamais être inférieure à un hectare.

Privés.

Outre les privés intérieurs, placés près des galeries de communication, il convient encore d'installer une autre série de privés dans la cour de récréation ; ces derniers seront d'un usage habituel, et les privés intérieurs, au contraire, ne serviront qu'à titre exceptionnel, en cas d'indisposition ou de mauvais temps.

Observatoire météorologique.

Cette dénomination un peu prétentieuse est celle qu'on donne à un petit édifice élevé dans la cour et qui contient quelques instruments avec lesquels on donne aux élèves des notions élémentaires de connaissances météorologiques.

VII

CONDITIONS GÉNÉRALES

Chauffage.

De quelle façon convient-il de chauffer une école normale ou tout établissement de ce genre ?

Les avis sont, à cet égard, très partagés.

Les médecins prétendent que les calorifères à air chaud, chauffant à la fois toutes les parties des bâtiments, donnent une chaleur sèche qui fatigue la tête et les voies respiratoires. Cette observation peut être juste quand il s'agit des malades d'un hôpital ; elle l'est moins quand il s'agit de personnes en pleine santé. Du reste la plupart de nos habitations sont aujourd'hui chauffées par des calorifères à air chaud ; et il est possible, quand on en éprouve le besoin, de saturer l'air d'un appartement d'une certaine quantité de vapeur d'eau. Puis, il faut bien reconnaître que les poëles ne sont en réalité, que des calorifères à air chaud de dimensions restreintes. Aussi croyons-nous que les salles d'une école peuvent, sans inconvénient, être chauffées par des calorifères à air chaud. Ce système est économique; on peut, en multipliant le nombre des appareils, n'allumer que ceux reconnus nécessaires.

Il est possible, par exemple, d'établir un calorifère pour chauffer le rez-de-chaussée, un autre pour chauffer le premier étage, l'infirmerie restant chauffée par des appareils spéciaux; on ne met en marche le calorifère des dortoirs que par les froids rigoureux, et on fait fonctionner, plus ou moins activement, celui destiné aux salles de travail. Quant au réfectoire, un simple poêle au gaz peut y maintenir une température convenable.

Aux calorifères à air chaud, il serait incontestablement préférable de substituer des calorifères à eau chaude ou à vapeur d'eau, mais les appareils de ce genre occasionnent des frais d'installation et d'entretien assez élevés; aussi leur emploi a-t-il été jusqu'ici très restreint.

Ventilation.

Nous sommes, à propos de la ventilation des écoles primaires (1), entré dans des détails qu'il est inutile à reproduire ici. Il nous suffira de dire qu'à ce point de vue les écoles normales et les écoles primaires se trouvent dans les mêmes conditions et exigent l'emploi des mêmes mesures et des mêmes dispositions.

Éclairage.

Il s'agit ici de l'éclairage de nuit seulement, car les conditions de l'éclairage de jour ont été déterminées par le

---

(1) *Les Écoles primaires et les salles d'asiles*, Félix Narjoux, Paris, Delagrave, 1879.

Fig. 105. — Élévation principale

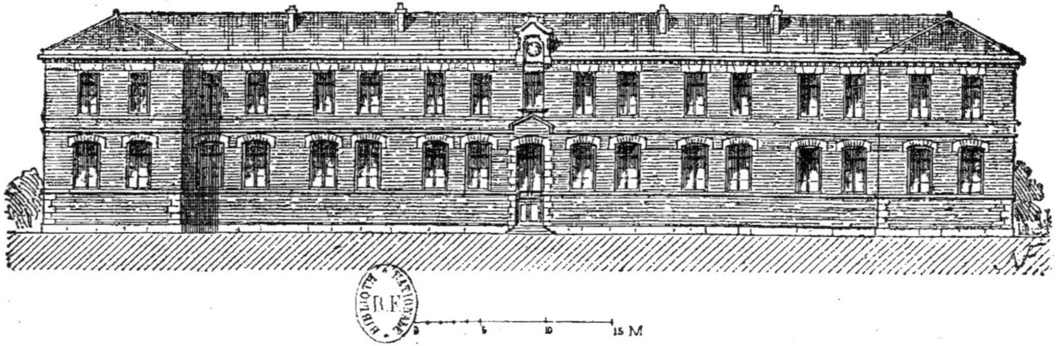

ÉCOLE NORMALE PRIMAIRE D'INSTITUTRICES

Fig. 106 — Vue générale des bâtiments, cours, jardins et dépendances.

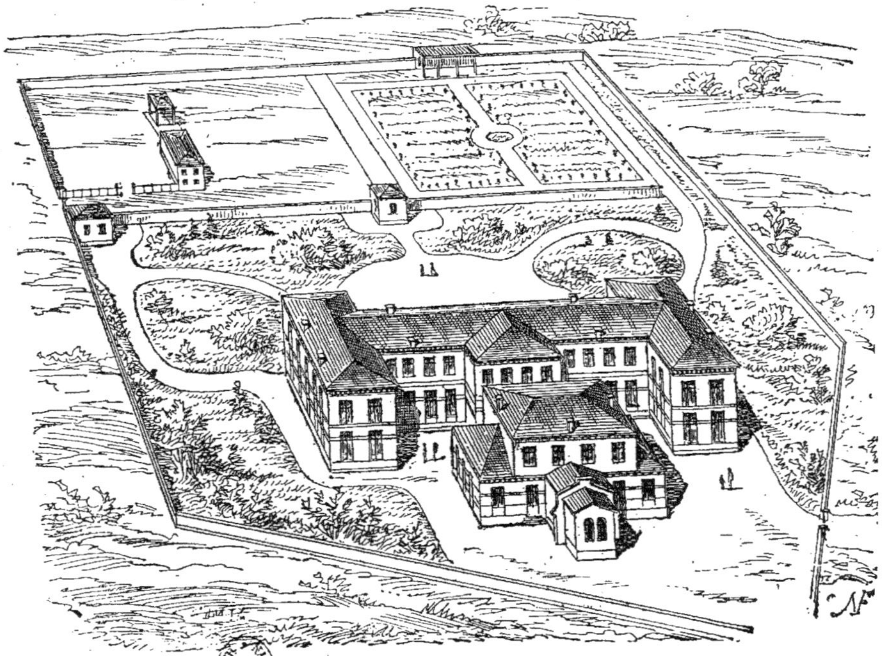

règlement pour la construction des bâtiments scolaires (titre II).

Comme toutes les écoles normales seront construites dans des villes, que chaque ville de France est aujourd'hui éclairée au gaz, il convient de formellement proscrire l'usage des huiles minérales et de recourir à l'emploi du gaz pour l'éclairage des écoles normales. On pourra de plus avec beaucoup d'avantages, à certains égards, utiliser le gaz au chauffage du fourneau de la cuisine, de l'eau des cabinets, des bains et de la buanderie, etc.

Quant aux appareils d'éclairage, il ne faut pas les distribuer avec parcimonie, mais au contraire les répandre à profusion non seulement dans toutes les parties des bâtiments, mais encore dans les cours, jardins, etc., de façon à rendre la surveillance facile et constante.

Eau.

L'eau doit être distribuée dans toutes les parties des bâtiments, car partout son usage est nécessaire.

Nous avons indiqué pour le service des dortoirs deux vasques placées dans les galeries du premier étage *(fig. 100)*, les élèves pourront elles-mêmes aller y chercher l'eau dont elles auront besoin pour leur toilette. En ayant soin de placer ainsi d'une façon indépendante une installation de ce genre, on pourrait, sans gêne et sans embarras pour le service, lui faire subir les réparations nécessaires.

Forme extérieure et intérieure.

Les conseils généraux n'hésitent pas à consacrer des sommes importantes à la construction des préfectures, sous-préfectures et palais de justice de leurs départements. Mais dès qu'il est question de la construction d'une école, les raisons d'économie reprennent le dessus et les architectes sont invités à se renfermer dans les limites les plus modestes, à concevoir un édifice d'une excessive simplicité.

La simplicité est une qualité incontestable, mais il faut craindre en l'exagérant de tomber dans la sécheresse et la pauvreté. On ne doit jamais reprocher à une école d'être simple *(fig. 103)*, mais on doit éviter de lui donner l'apparence d'une prison, d'un édifice indigne d'intérêt, et il faut s'efforcer au contraire de la présenter à l'intérieur comme à l'extérieur sous un aspect agréable et avec des formes attrayantes.

Une école *(fig. 105 106)*, telle que celle dont nous venons de passer en revue les divers services ne serait certainement pas parfaite, mais cependant serait bien préférable à la presque totalité de celles qui existent aujourd'hui. On pourrait certes lui faire encore subir de notables améliorations et si on nous reprochait de ne pas avoir indiqué tout d'abord une œuvre plus complète, nous répondrions en rappelant le souvenir de ce médecin à la fois prudent et habile.

Ce médecin préférait prescrire à ses malades un traitement moins énergique mais plus facile, et qu'il était certain de leur voir suivre consciencieusement, à un autre traitement d'un résultat plus prompt et plus efficace mais pénible et désagréable et que, pour ce motif, ils eussent négligé.

En demandant beaucoup il craignait de ne rien obtenir ; nous avons fait comme lui et avons peu demandé espérant ainsi être plus sûr d'obtenir ce que nous demandions.

TABLE DES CHAPITRES

I

État de la question.   1

II

Écoles normales primaires en France.

Ecole normale primaire d'instituteurs à Auch (Gers).	25
— — — — à Alençon (Orne).	34
— — — — à Châteauroux (Indre) . .	47
— — — — à Toulouse (Haute-Garonne)	54
— — — — à Lescar (Basses-Pyrénées).	65
— — — — à Rennes (Ille-et-Vilaine).	75
— — — — à Tarbes (Hautes-Pyrénées).	82
— — — — à Blois (Loir-et-Cher) . .	90
— — — — à Montauban (Tarn-et-Garonne).	101
— — — — à Versailles (Seine-et-Oise).	112
— — — d'institutrices à Melun (Seine-et-Marne)..	124
— — — d'instituteurs à Paris	133
— — — — à Douai (Nord).	143

III

Écoles normales primaires à l'étranger.

ECOLES NORMALES PRIMAIRES EN ANGLETERRE	158
Collège d'institutrices à Londres	158
ECOLES NORMALES PRIMAIRES EN SUISSE.	169
Ecole normale primaire d'institutrices de la Weisenhausplatz à Berne	170
Ecole normale primaire d'institutrices de la Eundessgasse à Berne	175

ECOLES NORMALES PRIMAIRES EN ALLEMAGNE.	181
Ecole normale primaire d'instituteurs à Carlsruhe, duché de Bade.	183
Ecole normale primaire d'instituteurs à Neuwied, Prusse Rhénane.	197
Ecole normale primaire d'instituteurs à Nagold, Wurtemberg.	211
ECOLES NORMALES PRIMAIRES EN AUTRICHE.	221
Ecole normale primaire mixte à Klagenfurth (Carinthie) . .	221
Ecole normale primaire mixte à Vienne.	226
ECOLES NORMALES PRIMAIRES EN BELGIQUE.	240
Ecole normale primaire d'institutrices à Liège.	244

IV

Programme des conditions à remplir par une école normale. 258

Administration 263
Enseignement. 275
Habitation des élèves 285
Habitation des maîtres 294
Services-annexes 299
Conditions générales 303

TABLE DES FIGURES

Ecoles normales primaires d'instituteurs en France.

I. — École normale primaire d'instituteurs à Auch (Gers).
    1. Plan général 27
    2. Plan du rez-de-chaussée 29
    3. Plan du premier étage 33

II. — École normale primaire d'instituteurs à Alençon (Orne).
    4. Plan général 37
    5. Plan du rez-de-chaussée 39
    6. Plan du premier étage 41
    7. Plan du deuxième étage 44
    8. Vue générale des bâtiments, cours, jardins et dépendances 45

III. — École normale primaire d'instituteurs à Châteauroux (Indre).
    9. Plan du rez-de-chaussée 51
   10. Plan du premier étage 53

IV. — École normale primaire d'instituteurs à Toulouse (Haute-Garonne).
   11. Plan général 57
   12. Plan du rez-de-chaussée 59
   13. Plan du premier étage 61
   14. Vue générale des bâtiments 63

V. — École normale primaire d'instituteurs à Lescar (Basses-Pyrénées).
   15. Plan général 67
   16. Plan du rez-de-chaussée 69
   17. Plan du premier étage 71
   18. Vue des bâtiments et galeries 73

VI. — École normale primaire d'instituteurs à Rennes (Ille-et-Vilaine).
   19. Plan du rez-de-chaussée 77
   20. Plan du premier étage 78
   21. Plan du deuxième étage 80
   22. Plan du troisième étage 81

314　　　　TABLE DES FIGURES.

VII. — École normale primaire d'instituteurs à Tarbes (Hautes-Pyrénées).
- 23. Plan général 83
- 24. Plan du rez-de-chaussée 87
- 25. Plan du premier étage 89

VIII. — École normale primaire d'instituteurs à Blois (Loir-et-Cher).
- 26. Plan général 93
- 27. Plan du rez-de-chaussée 94
- 28. Plan du sous-sol 95
- 29. Plan du premier étage 97
- 30. Plan du deuxième étage 98
- 31. Vue générale des bâtiments, cours, jardins et dépendances. 99

IX. — École normale primaire d'instituteurs à Montauban (Tarn-et-Garonne).
- 32. Plan général 103
- 33. Plan du rez-de-chaussée 105
- 34. Plan du premier étage 107
- 35. Vue générale des bâtiments, cours, jardins et dépendances. 109

X. — École normale primaire d'instituteurs à Versailles (Seine-et-Oise).
- 36. Plan général 115
- 37. Plan du rez-de-chaussée 116
- 38. Plan du sous-sol 117
- 39. Plan du deuxième étage 118
- 40. Plan du premier étage 119
- 41. Plan des combles 120
- 42. Vue générale des bâtiments, cours, jardins et dépendances. 121

XI. — École normale primaire d'institutrices à Melun (Seine-et-Marne).
- 43. Plan général 125
- 44. Plan du rez-de-chaussée 127
- 45. Plan du premier étage 128
- 46. Plan du deuxième étage 129
- 47. Vue générale des bâtiments, cours, jardins et dépendances. 131

XII. — École normale primaire d'instituteurs à Paris.
- 48. Plan général 135
- 49. Plan du rez-de-chaussée 139
- 50. Plan du premier étage 140
- 51. Plan du deuxième étage 141
- 52. Plan des chambres d'élèves 142

XIII. — École normale primaire d'instituteurs à Douai (Nord).
- 53. Plan général 147
- 54. Plan du rez-de-chaussée 149
- 55. Plan du premier étage 151
- 56. Plan du deuxième étage 153
- 57. Vue générale des bâtiments, cours, jardins et dépendances. 155

TABLE DES FIGURES.

Écoles normales primaires d'instituteurs à l'étranger.

ÉCOLES NORMALES PRIMAIRES EN ANGLETERRE

XIV. — Collège d'instituteurs à Londres.
- 58. Plan du rez-de-chaussée.................. 161
- 59. Plan du premier étage.................. 163
- 60. Vue des cellules du dortoir.................. 165
- 61. Vue générale des bâtiments.................. 167

ÉCOLES NORMALES PRIMAIRES EN SUISSE

XV. — École normale primaire d'institutrices de la Weisenhausplatz à Berne.
- 62. Plan du rez-de-chaussée.................. 171
- 63. Plan du premier étage.................. 172
- 64. Vue générale des bâtiments.................. 173

XVI. — École normale d'institutrices de la Bundessgasse à Berne.
- 65. Plan du rez-de-chaussée.................. 176
- 66. Plan du premier étage.................. 177
- 67. Plan du troisième étage.................. 178
- 68. Vue générale des bâtiments.................. 179

ÉCOLES NORMALES PRIMAIRES EN ALLEMAGNE

XVII. — École normale primaire à Carlsruhe (duché de Bade).
- 69. Plan général.................. 185
- 70. Plan du rez-de-chaussée.................. 189
- 71. Plan du premier étage.................. 191
- 72. Plan du deuxième étage.................. 193
- 73. Vue générale des bâtiments.................. 195

XVIII. — École normale primaire d'instituteurs à Neuwied (Prusse Rhénane).
- 74. Plan général.................. 201
- 75. Plan du rez-de-chaussée.................. 203
- 76. Plan du premier étage.................. 207
- 77. Plan du deuxième étage.................. 209

XIX. — École normale primaire d'instituteurs à Nagold (Wurtemberg).
- 78. Plan du sous-sol.................. 211
- 79. Plan du rez-de-chaussée.................. 213
- 80. Plan du premier étage.................. 215
- 81. Plan du deuxième étage.................. 217
- 82. Élévation du pavillon central.................. 218
- 83. Coupe transversale.................. 219

ÉCOLES NORMALES PRIMAIRES EN AUTRICHE

XX. — Ecole normale primaire mixte à Klagenfurth (Carinthie).
- 84. Plan du rez-de-chaussée.................. 223
- 85. Plan du premier étage.................. 225

XXI. — École normale mixte à Vienne.
　86. Plan du rez-de-chaussée 229
　87. Plan du premier étage 231
　88. Plan du deuxième étage 233
　89. Plan du troisième étage 235
　90. Elévation principale. 237
　91. Coupe transversale. 239

ÉCOLES NORMALES PRIMAIRES EN BELGIQUE

XXII. — École normale primaire d'institutrices à Liège.
　92. Plan général 247
　93. Plan du rez-de-chaussée 249
　94. Plan du premier étage 251
　95. Plan des cabines des dortoirs 252
　96. Intérieur de la chapelle 253
　97. Vue générale des bâtiments, cours, jardins et dépendances . 255

XXIII. — ÉCOLE NORMALE PRIMAIRE D'INSTITUTRICES POUR 40 ÉLÈVES
　98. Plan général 265
　99. Plan du rez-de-chaussée 267
　100. Plan du premier étage 269
　101. Coupe transversale 271
　102. Plan des cabines du dortoir 287
　103. Vue intérieure du dortoir 289
　104. Vue intérieure du réfectoire 293
　105. Elévation principale 305
　106. Vue générale des bâtiments, cours, jardins et dépendances . 307

OUVRAGES DU MÊME AUTEUR

LES ÉCOLES PUBLIQUES

CONSTRUCTION ET INSTALLATION

FRANCE ET ANGLETERRE
Un volume in-8° de 340 pages avec 154 figures intercalées dans le texte.
Douxième édition.
BELGIQUE ET HOLLANDE
Un volume in-8° de 270 pages avec 117 figures intercalées dans le texte.
SUISSE
Un volume in-8° de 266 pages avec 125 figures intercalées dans le texte.
Les 3 volumes brochés, *franco* : **21** francs.
ALLEMAGNE
En préparation.

ÉCOLES PRIMAIRES

ET SALLES D'ASILE

CONSTRUCTION ET INSTALLATION

A L'USAGE DE MM. LES MAIRES, DÉLÉGUÉS CANTONAUX ET MEMBRES
DE L'ENSEIGNEMENT PRIMAIRE

Un volume in-12 de 260 pages avec 76 figures intercalées dans le texte.
Prix : **2 fr. 50** c.

ARCHITECTURE SCOLAIRE

ÉCOLES DE HAMEAUX, ÉCOLES MIXTES, ÉCOLES DE FILLES,
ÉCOLES DE GARÇONS,
GROUPES SCOLAIRES, SALLES D'ASILE, ÉCOLES PROFESSIONNELLES,
ÉCOLES NORMALES PRIMAIRES

Un volume in-4°, 72 planches gravées sur acier, accompagnées d'un
texte descriptif et des détails estimatifs. Prix en carton : **75** francs.

IMPRIMERIE CENTRALE DES CHEMINS DE FER. — A. CHAIX ET Cie
RUE BERGÈRE, 20, A PARIS. — 11834-0.

www.ingramcontent.com/pod-product-compliance
Lightning Source LLC
Chambersburg PA
CBHW071331150426
43191CB00007B/704